TABLE

De ce qui eſt contenu dans ce Règlement.

CHAPITRE PREMIER.

INFANTERIE.

CHAPITRE II.

CAVALERIE ET DRAGONS.

CHAPITRE III.

DES HUSSARDS.

RÈGLEMENT

ARRÊTÉ

PAR LE ROI,

CONCERNANT

L'HABILLEMENT

ET

L'ÉQUIPEMENT

DE SES TROUPES.

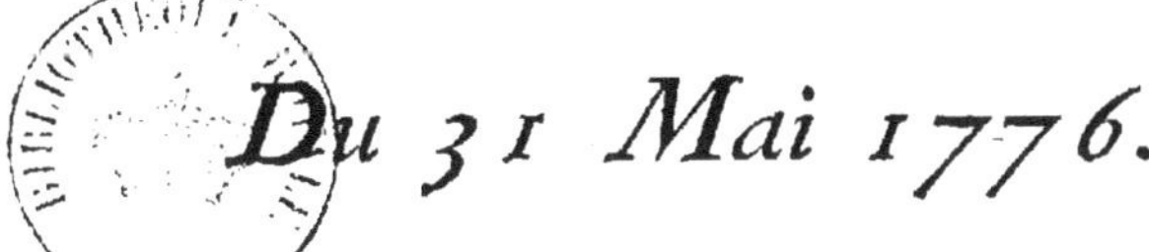

Du 31 Mai 1776.

A PARIS,
DE L'IMPRIMERIE ROYALE.

M. DCCLXXVI.

CHAPITRE IV.

CHAPITRE V.

CHAPITRE VI.

RÈGLEMENT

RÈGLEMENT

ARRÊTÉ PAR LE ROI,

Concernant l'Habillement & l'Équipement de ſes Troupes.

Du 31 Mai 1776.

DE PAR LE ROI.

CHAPITRE PREMIER.

INFANTERIE.

ARTICLE PREMIER.

De l'Habillement.

L'HABILLEMENT de chaque bas Officier & Soldat, ſera compoſé d'une ceinture d'étoffe de laine croiſée, doublée de ſerge ou cadis; d'un gilet de toile blanche pour la facilité de la tenue, d'un habit-veſte, d'une redingote de drap, & d'une culotte de tricot.

La ceinture, de la largeur d'environ ſept pouces, ſera façonnée avec du tricot croiſé blanc, doublée de ſerge ou cadis de même couleur; elle ſera à l'une des extrémités, garnie de quatre boutonnières ouvertes, & à l'extrémité oppoſée, de deux rangs de boutons d'étoffe, eſpacés pour élargir ou rétrécir ladite ceinture à volonté.

Le gilet de toile blanche, ſans doublure, ſera garni ſur le devant de dix boutonnières & d'autant de boutons couverts de toile; il ſera couſu en-deſſous de petites lanières ouvertes en boutonnières, pour fixer le gilet aux boutons du pont-levis de la culotte.

L'habit-veſte ſera de drap de la couleur réglée pour l'uniforme; il ſera garni d'un collet montant, élevé de douze à quinze lignes, de drap de la couleur qui ſera déſignée. L'habit-veſte ſera doublé de ſerge ou cadis blanc; les revers & paremens ſeront de la couleur tranchante, réglée pour la diſtinction de l'uniforme.

Les revers, meſurés de la pointe qui ſera fixée dans la partie ſupérieure par le premier bouton, auront dix-ſept à dix-huit pouces de longueur, trois pouces & demi apparens dans la plus grande largeur, trois pouces trois lignes au milieu, & deux pouces ſix lignes dans le bas, qui ſera coupé carrément.

Chaque côté de revers ſera garni, pour tous les régimens indiſtinctement, du nombre de ſept petits boutons eſpacés entr'eux à diſtance égale, le deſſous ſera garni de quatre boutons, & à l'oppoſé d'autant de boutonnières ouvertes; la bande de drap de couleur diſtinctive, qui ſera couſue à la manche pour ſervir de parement, ſera de la hauteur de quatre pouces, dont un ſera replié en-dedans, & trois demeureront apparens: la partie de l'avant-bras qui précèdera le parement, ſera ouverte de trois pouces de longueur, parallèlement à l'ouverture du parement qui ſera faite au dehors de ſa largeur; il y ſera fait deux boutonnières, & pareil nombre aux paremens, pour être fermés par quatre petits boutons.

Il sera ouvert sur chaque basque du devant de l'habit-veste, une poche qui aura la profondeur d'environ six pouces; elle sera fermée par une patte ordinaire coupée en travers, doublée d'un morceau de serge, qui débordera en passe-poil, de la couleur distinctive de l'uniforme.

Le dessous de la basque de l'habit-veste sera, depuis l'emplacement des poches, doublé de cadis ou de serge de la couleur tranchante des paremens & revers; le devant sera coupé en pointe Polonoise, pour, en s'agraffant, couvrir la partie supérieure des cuisses, quand la saison l'exigera, ou pour être retroussé & agraffé à la pointe opposée, lorsque le temps permettra la parade de l'uniforme: chacune des extrémités desdites basques, sera garnie d'une fleur-de-lys en drap de la couleur du fond de l'habit; il y sera substitué une grenade pour les Grenadiers. La partie antérieure des basques de derrière, sera coupée de façon à être assemblée & réunie carrément par une couture en-dessous de la pointe retroussée de la basque du devant; le derrière de l'habit-veste sera coupé de façon à croiser l'un sur l'autre, au moyen d'un cran qui sera ménagé au bas de la couture de la taille.

Il sera placé sur chaque épaule une épaulette doublée ou liserée du drap de la couleur distinctive de l'uniforme; l'extrémité sera ouverte d'une boutonnière, pour être fixée à un petit bouton qui sera cousu proche la couture de l'emmanchure.

Toutes ces parties d'habillement seront tenues larges & aisées, proportionnément à la taille des hommes, de manière qu'ils ne puissent jamais être gênés, & que lesdits habillemens puissent être boutonnés aisément dans toute leur longueur.

La redingotte sera façonnée en drap de la couleur

réglée pour l'uniforme; le collet ſera de la couleur réglée pour celui de l'habit-veſte. Elle ſera ſur le devant parementée d'une bande de cadis blanc, de largeur de huit à neuf pouces; le ſurplus ne ſera point doublé, à l'exception des manches qui le ſeront de toile calandrée: le derrière ſera coupé le drap à poil ſans couture, de ſorte qu'il n'y en aura qu'une ſur chaque côté pour l'aſſemblage des devans au derrière: le derrière du dos, à la hauteur des épaules, d'une manche à l'autre, ſera garni en contrefort d'une bande de toile, pour ſoutenir l'effort du Soldat qui la vêtira. Le devant, du côté gauche, ſera ouvert de ſix boutonnières; la partie oppoſée ſera garnie de douze gros boutons uniformes, ſur deux rangs de ſix chacun; les deux du bas de la taille ſeront diſtans l'un de l'autre d'environ cinq pouces, & les autres, en remontant vers le collet, le ſeront en proportion, pour que le Soldat puiſſe tenir la redingote flottante & moins ſerrée dans les temps de pluie, & plus juſte au corps dans le temps froid. Pour fermer la redingote dans toute ſa longueur, lorſqu'il ſera jugé convenable, il ſera couſu trois boutons d'étoffe, eſpacés entr'eux en continuation du premier rang des boutons de la taille; il ſera couſu en deſſous, du côté oppoſé, trois petites lanières de drap ouvertes en boutonnières: il ſera placé une poche de toile au côté droit de ladite redingote, l'ouverture en ſera fermée par une patte en long garnie de trois gros boutons uniformes, placés à diſtance égale; pareille patte ſera figurée au côté oppoſé: l'extrémité des manches, qui ſeront tenues fort longues, ſera en-dedans parementée d'un morceau de drap large de trois pouces, de la couleur diſtinctive du parement de l'habit-veſte, pour former parement lorſque la manche ſera retrouſſée.

La redingote ſera garnie d'un collet de la couleur preſcrite, montant de la hauteur de trois pouces neuf lignes dans ſon milieu, échancré ſur les parties du devant, pour y conſerver quinze lignes de hauteur; elle ſera garnie

garnie d'une épaulette de chaque côté, telle qu'elle a été réglée pour l'habit-veste.

La culotte sera à pont-levis; elle sera pour tous les grades façonnée en tricot ou estamet blanc, à l'exception des bas Officiers & Soldats du Corps Royal, dont les culottes seront de couleur bleue: les boutons seront de la même étoffe; le caleçon sera de toile & attaché à la culotte: elle remontera très-haut, & proportionnément à la position de la hanche de l'homme; la ceinture aura trois pouces & demi de largeur, le bas de la culotte couvrira entièrement le genou, sans pourtant descendre au-dessous des deux os de côté, qu'elle emboîtera seulement.

Les culottes seront remplacées à neuf au complet chaque année. Il sera permis au Soldat de se fournir de culottes de toile blanche pour l'été, pourvu que la masse destinée à son entretien du petit équipement, le puisse permettre, & que, d'après le compte rendu de ladite masse, le Conseil du régiment approuve la dépense desdites culottes.

Les fournitures qui seront nécessaires à la confection de chacune des parties d'habillement réglées, seront détaillées dans une feuille attachée à la fin du présent.

Pour rendre plus sensibles la forme & les proportions détaillées, & mettre les Officiers, qui seront chargés de l'habillement, plus en état de les faire observer, proportionnément à la taille des hommes qui devront être habillés, il sera envoyé à chaque Corps un modèle de chacune des parties d'habillement, pour y faire conformer les ouvriers, & empêcher qu'il y soit apporté aucun changement; les boutons uniformes & la queue qui servira à les attacher, seront de cuivre ou d'étain pour tous les grades de chaque compagnie indistinctement; & attendu qu'ils doivent être de la meilleure qualité susceptible de durer plus long-temps que l'habillement, & servir en partie au remplacement qui ſe ſuccède chaque année : les régimens auront attention d'en prolonger le ſervice autant qu'ils en ſeront ſuſceptibles.

Les boutonnières, qui devront être faites en poil de chèvre, ſeront de la couleur de l'étoffe ſur laquelle elles ſeront appliquées; les boutonnières, qui ſeront deſtinées à ſouffrir le paſſage des boutons de la taille, ſeront faites en drap, & aplaties par le carreau.

Toutes les parties de l'habillement ſeront conſervées & ménagées pour durer le plus long-temps poſſible, & dans la confiance que les remplacemens n'en ſeront pas provoqués par la déprédation, on s'en rapporte au Conſeil de chaque régiment, pour déterminer & propoſer au mois de juin de chaque année, la quantité & l'eſpèce des objets de remplacement qui ſeront néceſſaires pour l'hiver ſuivant; il en enverra à cette fin, un état détaillé au Secrétaire d'État ayant le département de la guerre, après qu'il aura été arrêté par l'Officier général, Chef de la diviſion. Le Conſeil aura la plus grande attention de ne permettre l'uſage, ſous prétexte de tenue & de propreté, d'aucune méthode ou ingrédient qui ſeroit capable de détériorer les parties de l'habillement, & d'en hâter la durée. La tenue ſera propre, mais ſimple.

Les hommes, qui n'étant pas rengagés, devront avoir leur congé abſolu par rang d'ancienneté, ne participeront point à la diſtribution des habillemens neufs; on aura attention de ne leur laiſſer emporter que les parties qui ſeront à leur dernier degré de réparations.

ARTICLE 2.

De la Coiffure.

LES caſques, dont les régimens de l'Infanterie ſont actuellement pourvus, ſeront ſupprimés après avoir rempli le temps de leur durée.

Les bas Officiers & Soldats feront coiffés indiftinctement avec des chapeaux de laine bien feutrée; la profondeur de la forme fera de fix pouces, terminée en cône obtus, pour que l'eau puiffe plus facilement s'écouler; il fera coufu dans le milieu de la forme, une coiffe de toile forte qui, au moyen d'un cordon, fe pliffera en bourfe, pour concourir avec le rétréci de la forme, à faire point-d'arrêt à la tête; la calotte intérieure, que cette féparation formera, fera tapiffée de papier blanc; il fera pratiqué de chaque côté de la coiffe de toile forte, deux trous fixés en forme d'œillet, dans chacun defquels paffera un cordon mobile, qui donnera au Soldat la facilité de fixer ledit chapeau fur fa tête; la partie de la forme, qui devra toucher & ceindre la tête de l'homme, fera garnie dans fon pourtour d'un cuir de bafane noirci; les ailes du devant & du derrière du chapeau retapé, feront élevés de fix pouces trois lignes; les autres parties auront moins d'étendue: le pourtour fera garni fur la tranche d'un bon fil de laiton, & bordé d'un fort galon de laine noire, treffé large d'un pouce; la corne du devant fera retrouffée brufquement, la pointe fera à trois pouces près de la forme; la corne du côté gauche ne doit point être relevée; elle fera horizontale, & n'aura au plus que trois pouces de faillie: la corne oppofée fera inclinée pour l'écoulement de la pluie; elle aura quatre pouces de faillie & fix pouces d'écartement à la hauteur du milieu de la forme: la quatrième corne, élevée de fix pouces au moins, qui fera prefque en oppofition à celle du devant, fera auffi brufquement relevée, & fa pointe à trois pouces près de la forme: chacun des quatre retrouffis fera contenu par des doubles ganfes folides, & fixé à un bouton de cuir fort, vulgairement appelé *bouton de guêtre*, attaché fur le deffus des quatre parties de la forme conique du chapeau; chaque chapeau fera garni d'un panache blanc de plumes treffées fur du canevas contenu par une carcaffe de laiton; ce panache ſera compoſé de trois palmes aſſemblées, deux courbées ſur la corne gauche, auront cinq pouces de longueur, & trois pouces de largeur dans leur milieu; la troiſième, courbée ſur la forme du chapeau, aura huit pouces de longueur & quatre pouces & demi de diamètre dans ſon milieu. Ces trois palmes ſeront aſſemblées dans leur partie inférieure, à une ſultane compoſée de longues plumes d'oie ébarbées; le tout ſera monté ſur une douille couverte de baſane noircie, qui ſera fixée par deux ganſes à deux boutons de guêtre, couſus en oppoſition dans la hauteur de l'élévation de la forme en face de la corne gauche.

Les Grenadiers ſeront également coiffés du même chapeau, & ne porteront à l'avenir ni caſques ni bonnets; ils porteront pour diſtinction, le panache en plumes mêlées rouges & blanches; & les épaulettes de leurs habit-veſte & redingote ſeront terminées par une houpe de laine de la couleur du parement.

Les Chaſſeurs ſeront diſtingués par la plume blanche & verte.

Les chapeaux ſeront façonnés en laines communes, elles ſeront de bonne qualité & de toiſon; les laines mortes ou pelades, ſeront abſolument proſcrites, ne pouvant être liées par le travail. On joindra auxdites laines vives du poil de lapin, & jamais de celui de bœuf, qui rend toujours un feutre ſoulevé & par conſéquent ſpongieux: on aura attention de mettre aſſez de matières pour que la forme & le lien du chapeau ſoient bien garnis; leſdites matières ſeront foulées & travaillées avec force & avec ſoin; & pour que le feutre ainſi compoſé, ſoit plus impénétrable à l'eau, on exigera du Fabricant de tamiſer en quantité ſuffiſante, de la poix-réſine pulvériſée ſur les baſtiſſages dudit feutre, afin que par l'action du feu & du travail du foulage, cette poudre s'incorpore avec la laine & le poil, & faſſe un feutrage ſerré, impénétrable à l'eau, ſans le rendre caſſant.

Les

Les cheveux du Soldat ſeront liés & renfermés dans un petit ſac, vulgairement appelé *crapaud*, d'étoffe de laine noire; les cheveux ſeront, ſur les faces, friſés d'une boucle uniforme, aſſez raccourcie pour ne pas incommoder ou aſſujettir le Soldat.

ARTICLE 3.

Des Marques diſtinctives du grade des bas Officiers, Cadets-gentilshommes & Fraters, dans les Compagnies.

LES Sergens-majors porteront un double bordé de galon d'argent fin, large de dix lignes; l'un couſu ſur le parement de l'habit-veſte & redingote, & l'autre ſur l'avant-bras à ſix lignes au-deſſus du parement.

Les Fourriers-écrivains porteront deux bandes de galon d'argent large de dix lignes, couſues en travers ſur le dehors de la manche, au-deſſus du pli du bras.

Les Sergens porteront le ſimple bordé de galon d'argent ſur l'avant-bras, à ſix lignes au-deſſus du parement.

Pour rendre les galons diſtinctifs plus apparens ſur l'uniforme blanc, ils ſeront garnis d'un paſſe-poil de la couleur du parement.

Les Caporaux des régimens qui auront l'habit blanc, porteront au-deſſus & parallèlement au parement, un double bordé de galon de laine bleue; le premier ſera placé à ſix lignes du parement, & le ſecond à trois lignes du premier. Ceux des régimens qui porteront l'habit, ſoit en bleu, ſoit en rouge, porteront les diſtinctions en galon blanc.

Les Cadets-gentilshommes porteront pour diſtinction, l'épaulette en galon d'or ou d'argent, ſuivant la couleur du bouton, qui ſera doré ou argenté.

Les Fraters porteront ſur chaque parement, une boutonnière en patte-d'oie, de petit galon de laine blanche, de trois lignes.

ARTICLE 4.

De l'Habillement des Tambours ou Inſtrumens.

LES Tambours ou Inſtrumens, porteront le fond de l'habit-veſte uniforme, en drap bleu, affecté à la livrée du Roi, avec les revers & paremens, gilets, ceintures, culottes & doublures déterminées, coupes de poches & placement de boutons, réglés pour chaque régiment auquel ils ſeront attachés; à l'exception de ceux de la Reine, des Princes du Sang, des régimens Allemands, autres que ceux qui ont le titre de Royal, des Irlandois, des Suiſſes & Griſons, qui continueront à porter la livrée des Colonels, en ſe conformant toutefois aux couleurs diſtinctives de l'uniforme de chaque Corps. L'habit-veſte ſera bordé d'un galon de livrée de la largeur de neuf lignes; les manches ſeront bardées de ſept bandes de même galon, couſues ſur le dehors du bras, d'une couture à l'autre, à diſtance égale; les retrouſſis des baſques ſeront bordés du même galon: L'habit du Tambour-major des régimens d'Infanterie françoiſe & étrangère, ſera le même que des Tambours ordinaires; & il ſera en outre galonné d'un galon de même livrée, large de neuf lignes, ſur les coutures de la taille; le parement ſera bordé d'un galon d'argent comme celui du Sergent.

La redingote des Tambours & Inſtrumens, qui ſera du drap de même couleur que celle des Soldats, ſera bordée ſur le devant d'un galon de livrée, large de neuf lignes: Défend Sa Majeſté, de faire galonner les habits du Tambour-major en galon d'or ou d'argent, & d'apporter aucun changement à la diſpoſition ci-devant preſcrite; ordonne au Conſeil du régiment d'en informer, ſi le cas arrivoit, à peine de telles peines qu'il appartiendroit; si Sa Majesté apprenoit cette contravention par une voie différente.

Le fût ou caisse du Tambour, continuera d'être en cuivre, & des proportions & forme précédemment réglées.

ARTICLE 5.

De l'Habillement des Officiers.

L'HABILLEMENT des Officiers sera des mêmes couleurs, tant pour le fond que pour les distinctions de l'uniforme, il ne différera que par la qualité des draps d'Elbeuf ou des manufactures de même espèce, & des boutons qui seront dorés ou argentés; les Officiers seront assujettis à porter l'habit-veste & la redingote, dans la même forme qui a été réglée pour le Soldat: Les cheveux de tous lès Officiers seront liés & renfermés dans une petite bourse noire, vulgairement dénommée *crapaud.*

Tous les Officiers indistinctement, seront coiffés avec des chapeaux unis, bordés d'un petit galon de velours noir; ils seront garnis d'un panache à l'imitation de celui du Soldat; aucun d'eux ne pourra porter de plumet avec l'habit uniforme, sous tel prétexte que ce soit.

Toute espèce de liséré ou passe-poil de couleur tranchante, autre que celui qui a été réglé pour l'uniforme du Soldat, sera & demeurera expressément défendu.

ARTICLE 6.

Dispositions générales sur l'Uniforme.

LES Officiers ne porteront, sous aucun prétexte, de doublures de soie, aux parties de leur habillement uniforme; ils n'y porteront également aucunes boutonnières ou galons d'or ou d'argent, qu'autant qu'ils seroient réglés pour l'uniforme; les redingotes seront de la couleur du drap uniforme. Tous les Officiers, de quelque grade qu'ils ſoient, ſeront tenus de porter, en toute occaſion, au régiment, leur habit uniforme, tout le temps qu'ils exiſteront au ſervice; l'uſage des manchettes de dentelles ſera & demeurera prohibé.

Aucun Officier, de tel grade qu'il ſoit, ne ſe permettra aucun changement, variation ou agrément quelconque, dans les uniformes qui ſeront ci-après déterminés par le préſent Règlement, ſous les peines que Sa Majeſté ſe réſerve de prononcer, d'après le compte qui lui en aura été rendu.

ARTICLE 7.

Des marques diſtinctives des grades des Officiers de l'Infanterie.

LE Colonel-commandant, portera de chaque côté une épaulette de treſſe pleine en or ou en argent, ſelon la couleur du bouton, blanc ou jaune, affecté au régiment; elle ſera ornée de franges à graines d'épinards, nœuds de cordelières & cordes à puits; toute eſpèce de broderie ou paillettes ſera & demeura défendue.

Le Colonel en ſecond, portera de chaque côté, comme le Colonel-commandant, une pareille épaulette, ornée de mêmes franges riches, mais au lieu d'être pleine en or ou argent, le milieu ſera traverſé, dans ſa longueur, par deux cordons de ſoie, couleur de feu, treſſés comme les autres cordons d'or ou d'argent.

Le Lieutenant-colonel, portera à gauche une ſeule épaulette garnie de franges & agrémens, pareils à l'épaulette du Colonel-commandant.

Ceux des Officiers qui auront le grade de Brigadier des armées, porteront pour diſtinction ſur l'épaulette, une étoile brodée d'or ou d'argent, en oppoſition à la couleur de l'épaulette.

Le

Le Major portera de chaque côté une épaulette en or ou eu argent, ornée de franges ſeulement, ſans aucun agrément.

Les Capitaines-commandans, porteront ſur l'épaule gauche une épaulette pareille à celles du Major.

Les Capitaines en ſecond, porteront la même épaulette, coupée dans le milieu de ſa longueur, par deux cordons de ſoie treſſée couleur de feu.

Les premiers Lieutenans ne pourront porter l'épaulette pleine en or ou en argent; elle ſera loſangée de carreaux de ſoie couleur de feu, ſur un fond de treſſe d'or ou d'argent, uniforme à la couleur du bouton: la frange, dont l'épaulette ſera garnie, ſera mêlée d'or ou d'argent & de ſoie en proportion du mélange qui ſera dans le tiſſu de l'épaulette.

Les Lieutenans en ſecond porteront la même épaulette que les Lieutenans en premier, obſervant qu'elle ſera traverſée dans le milieu de ſa longueur par deux cordons de ſoie couleur de feu.

Les Sous-lieutenans porteront l'épaulette à fond de ſoie couleur de feu, avec des carreaux treſſés d'or ou d'argent, uniformes à la couleur du bouton, & des franges mêlées de ſoie & de filés d'or ou d'argent, en proportion du mélange de l'épaulette.

Le Quartier-maître-tréſorier, devant avoir le rang & les prérogatives de Lieutenant, portera la même épaulette qui a été réglée pour la diſtinction des Lieutenans en ſecond.

Le Porte-drapeau portera l'épaulette à fond de ſoie couleur de feu, liſérée d'or ou d'argent, ſuivant la couleur du bouton; elle ſera garnie de franges aſſorties.

L'Adjudant portera l'épaulette à fond de ſoie couleur de feu, elle ſera traverſée dans le milieu de ſa longueur de deux cordons de tresses d'or ou d'argent, suivant la couleur du bouton.

Les Officiers ne pourront porter que les épaulettes distinctives des emplois qu'ils exerceront, quand même ils seroient pourvus de grade supérieur; ils se conformeront à cet égard avec exactitude aux modèles envoyés.

ARTICLE 8.

De l'Équipement du Soldat.

LES cols seront de crêpon noir cannelé, de la largeur de dix-huit à vingt lignes; ils seront doublés d'une toile blanche forte, qui recouvrira de deux lignes le crêpon: ils seront à leur extrémité garnis d'une agraffe de fer, dont chaque partie sera cousue.

Les manches de chemise pour l'Infanterie, seront sans manchettes, à l'exception de celles des Sergens & Fourriers, qui pourront être garnies de toile sans rayure, de douze à quinze lignes de hauteur, y compris l'ourlet, qui sera de deux lignes.

Les manches de chemise des Cadets-gentilshommes, seront telles qu'elles leur seront fournies par l'administration de l'École Royale Militaire.

Le Soldat aura pour l'été des guêtres de toile blanche, qu'il teindra en noir lorsqu'elles seront vieilles, & elles lui serviront dans les routes & dans les temps pluvieux; il portera pendant l'hiver, ses plus mauvaises guêtres blanches, par-dessus lesquelles il mettra des guêtres d'étoffe de laine noire, lesquelles ne monteront qu'au-dessous du genou; elles seront ouvertes dans leur longueur de huit boutonnières; il sera cousu à l'extrémité du même côté, une petite lanière de cuir de veau noirci, ouverte d'une boutonnière qui sera fixée au deuxième bouton de la culotte: toutes les guêtres doivent bien emboîter le coude-pied, afin de couvrir entièrement la boucle &

presque la totalité du quartier du soulier; les boutons seront toujours de la même étoffe que la guêtre, placés à environ deux pouces de distance; la longueur de la guêtre couvrira seulement le mouvement de la rotule du genou; les deux derniers boutons serreront un peu sans gêner, pour que la guêtre ne retombe pas; il sera fait une boutonnière à la place du dernier bouton, pour y passer le second bouton du bas de la culotte, sur laquelle croisera la dernière boutonnière de la guêtre, afin de la contenir & de l'arrêter plus sûrement; la couture partagera également la jambe par-derrière.

Les jarretières de guêtres seront supprimées.

Les souliers seront façonnés avec le cuir de la meilleure qualité; la dernière semelle sera garnie de clous à tête plate & large, dont la pointe sera rabattue & rivée avant que ladite semelle soit cousue; il y aura une semelle intermédiaire entre la première & la dernière: le dernier cuir du talon sera pareillement garni de clous, dont les pointes seront rabattues & rivées avant qu'il soit cousu.

Chaque Soldat sera pourvu d'un bonnet de police, façonné en tricot, doublé de toile en forme de Pokalem; il sera garni d'un tour de même étoffe d'environ quatre pouces, pour être rabattu quand il sera nécessaire, & couvrir le visage du Soldat; le devant sera orné d'une plaque de drap, au milieu de laquelle sera cousue une fleur-de-lys de la couleur tranchante du revers de l'uniforme; toutes les coutures du bonnet seront garnies d'un passe-poil en drap de même couleur: il sera cousu sur le haut, à la pointe de l'assemblage, un petit bouton pour assujettir la plaque du devant avec un petit cordon.

Les gibernes des Sergens & Fourriers, des Grenadiers, des Fusiliers, seront des mêmes formes & proportions qu'elles ont été déterminées par les précédens réglemens; les gibernes des Chasseurs seront les mêmes que celles des Fusiliers.

La pattelette des gibernes ſera de cuir noir ciré, & ne ſera plus à l'avenir garnie de médaillons.

La courroie porte-giberne, continuera d'être de la largeur de deux pouces & demi.

Les ceinturons pour les bas Officiers, Grenadiers, Chaſſeurs & Fuſiliers, ſeront faits & portés en forme de baudrier; la largeur de la courroie ſera de deux pouces, & longue de quatre pieds onze pouces, y compris le porte-ſabre qui ſera de la largeur de ſix pouces, & le porte-baïonnette qui ſera couſu au-deſſus dans la largeur de trois pouces & demi; la partie oppoſée ſera prolongée par une petite courroie de buffle, ouverte de deux boutonnières, pour être fixée à deux boutons de même cuir, qui ſeront couſus ſur le porte-ſabre; les extrémités ſeront aſſemblées avec coutures ſolides, pour former le porte-ſabre & le porte-baïonnette.

Les colliers ou porte-caiſſes de Tambour, ſeront également de buffle blanc, ſans piqûres, coupés plus larges dans la partie inférieure, & proportionnés dans la forme des modèles envoyés, & dont il eſt fait uſage.

Le havre-ſac des bas Officiers & Soldats, ſera de peau de veau à poil, doublé d'une toile forte; il aura un pied de profondeur; les joues & le fond, auront cinq pouces de largeur dans leur pourtour; la patte qui recouvrira le deſſus du havre-ſac, ſera faite de façon à emboîter pour garantir de la pluie; il ſera couſu en dedans, un morceau de toile de la longueur & largeur du havre-ſac, pour former une ſéparation dans le milieu : la redingote du Soldat, qui ſera pliée en quarré long pour être ſerrée dans un petit ſac de toile, ſera ainſi placée ſur champ, dans la partie poſtérieure du havre-ſac, qui contiendra en outre les effets dont le Soldat doit être équipé. Chacun ſera pourvu d'un ſac de toile pour aller aux diſtributions, & dans lequel il s'enveloppera pour coucher; le havre-ſac ſera fermé par trois petites courroies & leurs boucles enchapées;

enchapées; il ſera porté avec des bretelles de buffle; il ſera couſu ſur l'extérieur de la patte qui recouvrira le havre-ſac, deux petites courroies garnies de boucles, pour attacher le ſac des diſtributions, & le pain qui y ſera renfermé lorſque le Soldat ſera dans le cas de le porter.

ARTICLE 9.

De l'armement des bas Officiers & Soldats.

TOUS les hommes dont ſont compoſées les compagnies de Grenadiers, de Chaſſeurs & de Fuſiliers, ſeront armés de fuſils & de baïonnettes; les Adjudans, Sergens, Fourriers, Caporaux, Fraters, Grenadiers, Tambours ou Inſtrumens de la totalité du régiment, ſeront armés de ſabres; les Fuſiliers n'en porteront point.

ARTICLE 10.

De l'armement des Officiers à la tête de leur Troupe.

LES Officiers des compagnies de Grenadiers, Fuſiliers & Chaſſeurs, ſeront armés de fuſils & de baïonnettes; les Colonels-commandans, Colonels en ſecond & Lieutenans-colonels ſous les armes, porteront l'épée à la main, ſoit à cheval, ſoit à pied.

Le Major ſera de même à cheval ou à pied, l'épée à la main: tous les Officiers de l'Infanterie françoiſe ou étrangère ſous les armes, porteront le ceinturon en bandoulière.

ARTICLE 11.

De l'Équipement des Officiers.

LE ceinturon ſera de buffle blanc, de la largeur de deux pouces, & diſpoſé à être porté en baudrier.

L'épée pour tous les Officiers indiſtinctement, ſera à garde de cuivre doré, & poignée d'argent doré à la mousquetaire; la lame sera plate & forte, longue de vingt-six pouces.

L'épée sera garnie d'une dragonne ou cordon à un seul gland, mêlé de filés d'or & de soie couleur de feu, dans la forme & la proportion déterminée sur le mélange des épaulettes, réglées pour la distinction de chaque grade.

La cartouche des Officiers sera percée à seize coups sur deux rangs, dans la forme & les proportions précédemment réglées & dont il est fait usage; la pattelette ne sera à l'avenir chargée d'aucuns médaillons.

La courroie porte-cartouche ou banderole, sera de buffle blanc, large de vingt-sept lignes.

Tous les Officiers indistinctement, y compris ceux de l'État-major qui seront de service, porteront le hausse-col de cuivre doré, orné dans le milieu, d'un médaillon en argent aux armes du Roi.

ARTICLE 12.

LA monture des drapeaux & la fourniture des cravates de taffetas dont ils doivent être garnis, seront & demeureront aux frais des Colonels-commandans, ainsi qu'il a été ordonné par les précédens règlemens.

ARTICLE 13.

Des faux-frais dans les Régimens.

LES menues dépenses du papier, encre, plumes, livrets de Fourriers, & autres objets relatifs à l'ordre de la comptabilité & de la correspondance, seront réglées par le Conseil du régiment.

ARTICLE 14.

De l'Uniforme affecté à la diſtinction particulière de chaque régiment d'Infanterie Françoiſe & Étrangère.

RÉGIMENT DE PICARDIE.

HABIT-VESTE de drap blanc, collet droit, paremens & revers de même drap; la patte de la poche coupée en travers, liſérée de blanc, marquée de trois boutonnières ſans boutons; le revers garni de ſept petits boutons placés à diſtance égale, quatre au-deſſous de même, deux petits aux épaulettes: l'ouverture de l'avant-bras & du parement, fermée par deux petits boutons chacune.

La Redingote de drap blanc, le collet de même drap, garnie de douze gros boutons ſur deux rangs, deux petits aux épaulettes; le bout des manches parementé de drap blanc.

Culotte de tricot blanc.

Boutons jaunes .... N.° 1.er

PROVENCE.

Habit-veſte de drap blanc, paremens & revers de même drap, collet droit de drap rouge; la patte de la poche coupée en travers, liſérée de blanc, marquée de trois boutonnières, &c.

La Redingote de drap blanc, & collet de drap rouge, garnie de douze gros boutons ſur deux rangs, deux petits aux épaulettes; le bout des manches parementé de drap rouge.

Culotte de tricot blanc.

Boutons blancs .... N.° 2.

CHAMPAGNE.

Habit-veſte de drap blanc, paremens, revers & collet droit de drap gris-argentin; la patte de la poche coupée en travers, liſérée de gris-argentin, marquée de trois boutonnières, &c.

La Redingote de drap blanc, garnie de douze gros boutons ſur deux rangs, deux petits aux épaulettes; le bout des manches parementé de drap gris-argentin: le collet de même drap.

Culotte de tricot blanc.

Boutons jaunes .... N.° 3.

AUSTRASIE.

Habit-veſte de drap blanc, paremens & revers de drap gris-argentin, collet droit de drap rouge; la patte de la poche coupée en travers, liſérée de gris-argentin, marquée de trois boutonnières ſans boutons; le revers garni de ſept petits boutons placés à diſtance égale, quatre au-deſſous de même, deux petits aux épaulettes: l'ouverture de l'avant-bras & du parement fermée par deux petits boutons chacune.

La Redingote de drap blanc, garnie de douze gros boutons ſur deux rangs, deux petits aux épaulettes; le bout des manches parementé de drap gris-argentin: le collet de drap rouge.

Culotte de tricot blanc.

Boutons blancs . . . . N.° 4.

NAVARRE.

Habit-veſte de drap blanc, paremens, revers & collet droit de drap bleu-céleſte; la patte de la poche coupée en travers, liſérée de bleu-céleſte, marquée de trois boutonnières, &c.

La Redingote de drap blanc, garnie de douze gros boutons ſur deux rangs; deux petits aux épaulettes; le bout des manches parementé de drap bleu-céleſte; le collet de même drap.

Culotte de tricot blanc.

Boutons jaunes . . . . N.° 5.

ARMAGNAC.

Habit-veſte de drap blanc, paremens & revers de drap bleu-céleſte, collet droit de drap aurore; la patte de la poche coupée en travers, liſérée de bleu-céleſte, marquée de trois boutonnières, &c.

La Redingote de drap blanc, garnie de douze gros boutons ſur deux rangs, deux petits aux épaulettes; le bout des manches parementé de drap bleu-céleſte: le collet de drap aurore.

Culotte de tricot blanc.

Boutons blancs . . . . N.° 6.

PIÉMONT.

Habit-veſte de drap blanc, paremens, revers & collet droit de panne noire; la patte de la poche coupée en travers, liſérée de noir, marquée de trois boutonnières, &c.

La Redingote de drap blanc, garnie de douze gros boutons ſur deux rangs, deux petits aux épaulettes; le bout des manches parementé de panne noire: le collet de même panne.

Culotte de tricot blanc.

Boutons jaunes........................ N.° 7.

BLAISOIS.

Habit-veſte de drap blanc, collet droit de drap rouge, paremens & revers de panne noire; la patte de la poche coupée en travers, liſérée de noir, marquée de trois boutonnières ſans boutons; le revers garni de ſept petits boutons placés à diſtance égale, quatre au-deſſous de même, deux petits aux épaulettes: l'ouverture de l'avant-bras & du parement fermée par deux petits boutons chacune.

La Redingote de drap blanc, garnie de douze gros boutons ſur deux rangs, deux petits aux épaulettes; le bout des manches parementé de panne noire: le collet de drap rouge.

Culotte de tricot blanc.

Boutons blancs........................ N.° 8.

NORMANDIE.

Habit-veſte de drap blanc, paremens & revers de panne noire, collet droit de drap jonquille; la patte de la poche coupée en travers, liſérée de noir, marqué de trois boutonnières, &c.

La Redingote de drap blanc, garnie de douze gros boutons ſur deux rangs, deux petits aux épaulettes; le bout des manches parementé de panne noire: le collet de drap jonquille.

Culotte de tricot blanc.

Boutons jaunes........................ N.° 9.

NEUSTRIE.

Habit-veſte de drap blanc, paremens & revers de panne noire, collet droit de drap roſe; la patte de la poche coupée en travers, liſérée de noir, marquée de trois boutonnières, &c.

La Redingote de drap blanc, garnie de douze gros boutons ſur deux rangs, deux petits aux épaulettes; le bout des manches parementé de panne noire: le collet de drap roſe.

Culotte de tricot blanc.

Boutons blancs........................ N.° 10.

LA MARINE.

Habit-veste de drap blanc, collet droit de drap bleu-céleste, paremens & revers de panne noire; la patte de la poche coupée en travers, liſérée de noir, marquée de trois boutonnières sans boutons; le revers garni de sept petits boutons placés à distance égale, quatre au-dessous de même, deux petits aux épaulettes: l'ouverture de l'avant-bras & du parement fermée par deux petits boutons chacune.

La Redingote de drap blanc, garnie de douze gros boutons sur deux rangs, deux petits aux épaulettes; le bout des manches parementé de panne noire: le collet de drap bleu-céleste.

Culotte de tricot blanc.

Boutons jaunes . . . . N.° 11.

AUXERROIS.

Habit-veste de drap blanc, revers & paremens de panne noire, collet droit de drap cramoisi; la patte de la poche coupée en travers, liſérée de noir, marquée de trois boutonnières, &c.

La Redingote de drap blanc, garnie de douze gros boutons sur deux rangs, deux petits aux épaulettes; le bout des manches parementé de panne noire: le collet de drap cramoisi.

Culotte de tricot blanc.

Boutons blancs . . . . N.° 12.

BÉARN.

Habit-veste de drap blanc, collet droit, revers & paremens de drap couleur de rose; la patte de la poche coupée en travers, liſérée de rose, marquée de trois boutonnières, &c.

La Redingote de drap blanc, garnie de douze gros boutons sur deux rangs, deux petits aux épaulettes; le bout des manches parementé de drap rose: le collet de même drap.

Culotte de tricot blanc.

Boutons jaunes . . . . N.° 13.

AGÉNOIS.

Habit-veste de drap blanc, collet droit de drap vert, paremens & revers de drap rose; la patte de la poche coupée en travers, liſérée de roſe, marquée de trois boutonnières ſans boutons; le revers garni de ſept petits boutons placés à diſtance égale, quatre au-deſſous de même, deux petits aux épaulettes; l'ouverture de l'avant-bras & du parement fermée par deux petits boutons chacune.

La Redingote de drap blanc, garnie de douze gros boutons ſur deux rangs, deux petits aux épaulettes; le bout des manches parementé de drap roſe: le collet de drap vert.

Culotte de tricot blanc.

Boutons blancs........................ N.° 14.

BOURBONNOIS.

Habit-veſte de drap blanc, collet droit, paremens & revers de drap cramoiſi; la patte de la poche coupée en travers, liſérée de cramoiſi, marquée de trois boutonnières, &c.

La Redingote de drap blanc, garnie de douze gros boutons ſur deux rangs, deux petits aux épaulettes; le bout des manches parementé de drap cramoiſi: le collet de même drap.

Culotte de tricot blanc.

Boutons jaunes........................ N.° 15.

FORÈS.

Habit-veſte de drap blanc, collet droit de drap vert, paremens & revers de drap cramoiſi; la patte de la poche coupée en travers, liſérée de cramoiſi, marquée de trois boutonnières, &c.

La Redingote de drap blanc, garnie de douze gros boutons ſur deux rangs, deux petits aux épaulettes; le bout des manches parementé de drap cramoiſi: le collet de drap vert.

Culotte de tricot blanc.

Boutons blancs........................ N.° 16.

AUVERGNE.

Habit-veſte de drap blanc, collet droit, paremens & revers de drap violet; la patte de la poche coupée en travers, liſérée de violet, marquée de trois boutonnières, &c.

La Redingote de drap blanc, garnie de douze gros boutons ſur deux rangs, deux petits aux épaulettes; le bout des manches parementé de drap violet: le collet de même drap.

Culotte de tricot blanc.

Boutons jaunes........................ N.° 17.

GÂTINOIS.

Habit-veste de drap blanc, paremens & revers de drap violet, collet droit de drap jonquille; la patte de la poche coupée en travers, liférée de violet, marquée de trois boutonnières sans boutons; le revers garni de sept petits boutons placés à distance égale, quatre au-dessous de même, deux petits aux épaulettes: l'ouverture de l'avant-bras & du parement fermée par deux petits boutons chacune.

La Redingote de drap blanc, garnie de douze gros boutons sur deux rangs, deux petits aux épaulettes; le bout des manches parementé de drap violet: le collet de drap jonquille.

Culotte de tricot blanc.

Boutons jaunes. . . . . N.° 18.

FLANDRE.

Habit-veste de drap blanc, paremens & revers de drap violet, collet droit de drap cramoisi; la patte de la poche coupée en travers, liférée de violet, marquée de trois boutonnières, &c.

La Redingote de drap blanc garnie de douze gros boutons sur deux rangs, deux petits aux épaulettes; le bout des manches parementé de drap violet: le collet de drap cramoisi.

Culotte de tricot blanc.

Boutons jaunes. . . . . N.° 19.

CAMBRESIS.

Habit-veste de drap blanc, collet droit de drap rose, paremens & revers de drap violet; la patte de la poche coupée en travers, liférée de violet, marquée de trois boutonnières, &c.

La Redingote de drap blanc garnie de douze gros boutons sur deux rangs, deux petits aux épaulettes; le bout des manches parementé de drap violet: le collet de drap rose.

Culotte de tricot blanc.

Boutons blancs . . . . N.° 20.

GUIENNE.

Habit-veste de drap blanc, collet droit, paremens & revers de drap rouge piqueté de blanc; la patte de la poche coupée en en travers, liſérée de rouge piqueté, marquée de trois boutonnières ſans boutons; le revers garni de ſept petits boutons placés à diſtance égale, quatre au-deſſous de même, deux petits aux épaulettes: l'ouverture de l'avant-bras & du parement fermée par deux petits boutons chacune.

La Redingote de drap blanc, garnie de douze gros boutons ſur deux rangs, deux petits aux épaulettes; le bout des manches parementé de drap rouge piqueté: le collet de même drap.

Culotte de tricot blanc.

Boutons jaunes . . . . N.° 21.

VIENNOIS.

Habit-veſte de drap blanc, collet droit de drap vert, paremens & revers de drap rouge piqueté de blanc; la patte de la poche coupée en travers, liſérée de rouge piqueté, marquée de trois boutonnières, &c.

La Redingote de drap blanc, garnie de douze gros boutons ſur deux rangs, deux petits aux épaulettes; le bout des manches parementé de drap rouge piqueté de blanc: le collet de drap vert.

Culotte de tricot blanc.

Boutons blancs . . . . N.° 22.

DU ROI.

L'uniforme qu'il eſt actuellement en uſage de porter ſuivant l'état que Sa Majeſté en a précédemment arrêté, juſqu'à ce qu'il lui plaiſe d'en ordonner autrement.

ROYAL.

Habit-veſte de drap blanc, collet droit, paremens & revers de drap bleu-de-roi; la patte de la poche coupée en travers, liſérée de bleu, marquée de trois boutonnières, &c.

La Redingote de drap blanc, garnie de douze gros boutons ſur deux rangs, deux petits aux épaulettes; le bout des manches parementé de drap bleu: le collet de même drap.

Culotte de tricot blanc.

Boutons blancs . . . . N.° 24.

BRIE.

Habit-veste de drap blanc, collet droit, paremens & revers de drap gris-de-fer; la patte de la poche coupée en travers, lisérée de gris-de-fer, marquée de trois boutonnières sans boutons; le revers garni de sept petits boutons placés à distance égale, quatre au-dessous de même, deux petits aux épaulettes: l'ouverture de l'avant-bras & du parement fermée par deux petits boutons chacune.

La Redingote de drap blanc, garnie de douze gros boutons sur deux rangs, deux petits aux épaulettes; le bout des manches parementé de drap gris-de-fer: le collet de même drap.

Culotte de tricot blanc.

Boutons blancs . . . . N.° 25.

POITOU.

Habit-veste de drap blanc, paremens & revers de drap bleu-céleste, collet droit de drap rose; la patte de la poche coupée en travers, lisérée de bleu-céleste, marquée de trois boutonnières, &c.

La Redingote de drap blanc, garnie de douze gros boutons sur deux rangs, deux petits aux épaulettes; le bout des manches parementé de drap bleu-céleste: le collet de drap rose.

Culotte de tricot blanc.

Boutons jaunes . . . . N.° 26.

BRESSE.

Habit-veste de drap blanc, paremens & revers de drap gris-de-fer, collet droit de drap rouge; la patte de la poche coupée en travers, lisérée de drap gris-de-fer, marquée de trois boutonnières, &c.

La Redingote de drap blanc, garnie de douze gros boutons sur deux rangs, deux petits aux épaulettes; le bout des manches parementé de drap gris-de-fer: le collet de drap rouge.

Culotte de tricot blanc.

Boutons jaunes . . . . N.° 27.

LYONNOIS.

Habit-veste de drap blanc, paremens & revers de drap rouge piqueté de blanc, collet droit de drap jonquille; la patte de la poche coupée en travers, liſérée de drap rouge piqueté de blanc, marquée de trois boutonnières ſans boutons; le revers garni de ſept petits boutons placés à diſtance égale, quatre au-deſſous de même, deux petits aux épaulettes: l'ouverture de l'avant-bras & du parement, fermée par deux petits boutons chacune.

La Redingote de drap blanc, garnie de douze gros boutons ſur deux rangs, deux petits aux épaulettes; le bout des manches parementé de drap rouge piqueté: le collet de drap jonquille.

Culotte de tricot blanc.

Boutons jaunes . . . . N.° 28.

DU MAINE.

Habit-veſte de drap blanc, paremens & revers de drap roſe, collet droit de drap bleu; la patte de la poche coupée en travers, liſérée de roſe, marquée de trois boutonnières, &c.

La Redingote de drap blanc, garnie de douze gros boutons ſur deux rangs, deux petits aux épaulettes; le bout des manches parementé de roſe: le collet de drap bleu.

Culotte de tricot blanc.

Boutons jaunes . . . . N.° 29.

DAUPHIN.

Habit-veſte de drap blanc, paremens & revers de drap bleu, collet droit de drap roſe; la patte de la poche coupée en travers, liſérée de bleu, marquée de trois boutonnières, &c.

La Redingote en drap blanc, garnie de douze gros boutons ſur deux rangs, deux petits aux épaulettes; le bout des manches parementé de drap bleu: le collet de drap roſe.

Culotte de tricot blanc.

Boutons jaunes . . . . N.° 30.

LE PERCHE.

Habit-veſte de drap blanc, paremens & revers de drap-gris argentin, collet droit de drap bleu; la patte de la poche coupée en travers, liſérée de drap gris-argentin, marquée de trois boutonnières, &c.

La Redingote de drap blanc, garnie de douze gros boutons

ſur deux rangs, deux petits aux épaulettes; le bout des manches parementé de drap gris-argentin: le collet de drap bleu.

Culotte de tricot blanc.

Boutons blancs . . . . N.° 31.

A U N I S.

Habit-veſte de drap blanc, paremens & revers de drap roſe, collet droit de drap bleu-céleſte; la patte de la poche coupée en travers, liſérée de drap roſe, marquée de trois boutonnières, ſans boutons; le revers garni de ſept petits boutons placés à diſtance égale, quatre au-deſſous de même, deux petits aux épaulettes: l'ouverture de l'avant-bras & du parement fermée par deux petits boutons chacune.

La Redingote de drap blanc, garnie de douze gros boutons ſur deux rangs, deux petits aux épaulettes; le bout des manches parementé de drap roſe: le collet de drap bleu-céleſte.

Culotte de tricot blanc.

Boutons jaunes . . . . N.° 32.

B A S S I G N Y.

Habit-veſte de drap blanc, paremens & revers de drap roſe, collet droit de drap jonquille; la patte de la poche coupée en travers, liſérée de roſe, marquée de trois boutonnières, &c.

La Redingote de drap blanc, garnie de douze gros boutons ſur deux rangs, deux petits aux épaulettes; le bout des manches parementé de drap roſe: le collet de drap jonquille.

Culotte de tricot blanc.

Boutons blancs . . . . N.° 33.

T O U R A I N E.

Habit-veſte de drap blanc, paremens & revers de drap gris-de-fer, collet droit de drap jonquille; la patte de la poche coupée en travers, liſérée de gris-de-fer, marquée de trois boutonnières, &c.

La Redingote de drap blanc, garnie de douze gros boutons ſur deux rangs, deux petits aux épaulettes; le bout des manches parementé de drap gris-de-fer: le collet de drap jonquille.

Culotte de tricot blanc.

Boutons blancs . . . . N.° 34.

SAVOIE-CARIGNAN.

SAVOIE-CARIGNAN.

Habit-veſte de drap blanc, paremens, revers & collet droit de drap rouge; la patte de la poche coupée en travers, liſérée de drap rouge, marquée de trois boutonnières ſans boutons; le revers garni de ſept petits boutons placés à diſtance égale, quatre au-deſſous de même, deux petits aux épaulettes: l'ouverture de l'avant-bras & du parement fermée par deux petits boutons chacune.

La Redingote de drap blanc, garnie de douze gros boutons ſur deux rangs, deux petits aux épaulettes; le bout des manches parementé de drap rouge: le collet de même drap.

Culotte de tricot blanc.

Boutons blancs aux armes du Prince....... N.° 35.

AQUITAINE.

Habit-veſte de drap blanc, paremens & revers de drap bleu-céleſte, collet droit de drap jonquille; la patte de la poche coupée en travers, liſérée de drap bleu-céleſte, marquée de trois boutonnières, &c.

La Redingote de drap blanc, garnie de douze gros boutons ſur deux rangs, deux petits aux épaulettes; le bout des manches parementé de drap bleu-céleſte: le collet de drap jonquille.

Culotte de tricot blanc.

Boutons jaunes...................... N.° 36.

ANJOU.

Habit-veſte de drap blanc, paremens & revers de drap roſe, collet droit de panne noire; la patte de la poche coupée en travers, liſérée de roſe, marquée de trois boutonnières, &c.

La Redingote de drap blanc, garnie de douze gros boutons ſur deux rangs, deux petits aux épaulettes; le bout des manches parementé de drap roſe: le collet de panne noire.

Culotte de tricot blanc.

Boutons jaunes...................... N.° 37.

NIVERNOIS.

Habit-veſte de drap blanc, paremens & revers de drap gris-argentin, collet droit de drap jonquille; la patte de la poche coupée en travers, liſérée de drap gris-argentin, marquée de trois boutonnières ſans boutons; le revers garni de ſept petits boutons placés à diſtance égale, quatre au-deſſous de même, deux petits aux épaulettes: l'ouverture de l'avant-bras & du parement fermée par deux petits boutons chacune.

La Redingote de drap blanc, garnie de douze gros boutons ſur deux rangs, deux petits aux épaulettes; le bout des manches parementé de drap gris-argentin: le collet de drap jonquille.

Culotte de tricot blanc.

Boutons jaunes...................... N.° 38.

DAUPHINÉ.

Habit-veſte de drap blanc, paremens & revers de drap cramoiſi, collet droit de drap bleu; la patte de la poche coupée en travers, liſérée de drap cramoiſi, marquée de trois boutonnières, &c.

La Redingote de drap blanc, garnie de douze gros boutons ſur deux rangs, deux petits aux épaulettes; le bout des manches parementé de drap cramoiſi: le collet de drap bleu.

Culotte de tricot blanc.

Boutons jaunes...................... N.° 39.

ISLE-DE-FRANCE.

Habit-veſte de drap blanc, paremens & revers de drap rouge piqueté de blanc, collet droit de drap bleu; la patte de la poche coupée en travers, liſérée de drap rouge piqueté de blanc, marquée de trois boutonnières, &c.

La Redingote de drap blanc, garnie de douze gros boutons ſur deux rangs, deux petits aux épaulettes; le bout des manches parementé de drap rouge piqueté de blanc: collet de drap bleu.

Culotte de tricot blanc.

Boutons blancs...................... N.° 40.

SOISSONNOIS.

Habit-veſte de drap blanc, paremens & revers de drap rouge piqueté de blanc, collet droit de drap bleu-céleſte; la patte de la poche coupée en travers, liſérée de rouge piqueté de blanc, marquée de trois boutonnières, &c.

La Redingote de drap blanc, garnie de douze gros boutons

ſur deux rangs, deux petits aux épaulettes; le bout des manches parementé de drap rouge piqueté de blanc : collet de drap bleu-céleſte.

Culotte de tricot blanc.

Boutons jaunes . . . . N.° 41.

LA REINE.

Habit-veſte de drap blanc, paremens & revers de drap rouge; collet droit de drap bleu; la patte de la poche coupée en travers, liſérée de rouge, marquée de trois boutonnières ſans boutons; le revers garni de ſept petits boutons placés à diſtance égale, quatre au-deſſous de même, deux petits aux épaulettes: l'ouverture de l'avant-bras & du parement fermée par deux petits boutons chacune.

La Redingote de drap blanc, garnie de douze gros boutons ſur deux rangs, deux petits aux épaulettes; le bout des manches parementé de drap rouge: collet de drap bleu.

Culotte de tricot blanc.

Boutons blancs . . . . N.° 42.

LIMOSIN.

Habit-veſte de drap blanc, paremens & revers de drap rouge piqueté de blanc, collet droit de panne noire; la patte de la poche coupée en travers, liſérée de drap rouge piqueté de blanc, marquée de trois boutonnières, &c.

La Redingote de drap blanc, garnie de douze gros boutons ſur deux rangs, deux petits aux épaulettes; le bout des manches parementé de drap rouge piqueté de blanc: collet de panne noire.

Culotte de tricot blanc.

Boutons blancs . . . . N.° 43.

ROYAL-VAISSEAUX.

Habit-veſte de drap blanc, paremens & revers de drap bleu, collet droit de drap rouge; la patte de la poche coupée en travers, liſérée de drap bleu, marquée de trois boutonnières, &c.

La Redingote de drap blanc, garnie de douze gros boutons ur deux rangs, deux petits aux épaulettes; le bout des manches parementé de drap bleu: collet de drap rouge.

Culotte de tricot blanc.

Boutons jaunes, timbrés d'un vaiſſeau . . . . . . N.° 44.

ORLÉANS.

Habit-veste de drap blanc, paremens & revers de drap rouge, collet droit de drap cramoisi; la patte de la poche coupée en travers, lisérée de drap rouge, marquée de trois boutonnières sans boutons; le revers garni de sept petits boutons placés à distance égale, quatre au-dessous de même, deux petits aux épaulettes: l'ouverture de l'avant-bras & du parement fermée par deux petits boutons chacune.

La Redingote de drap blanc, garnie de douze gros boutons sur deux rangs, deux petits aux épaulettes; le bout des manches parementé de drap rouge: collet de drap cramoisi.

Culotte de tricot blanc.

Boutons jaunes aux armes du Prince....... N.° 45.

LA COURONNE.

Habit-veste de drap blanc, paremens & revers de drap bleu, collet droit de drap blanc; la patte de la poche coupée en travers, lisérée de drap bleu, marquée de trois boutonnières, &c.

La Redingote de drap blanc, garnie de douze gros boutons sur deux rangs, deux petits aux épaulettes; le bout des manches parementé de drap bleu: collet de drap blanc.

Culotte de tricot blanc.

Boutons blancs timbrés d'une couronne..... N.° 46.

BRETAGNE.

Habit-veste de drap blanc, paremens & revers de panne noire, collet droit de drap aurore; la patte de la poche coupée en travers, lisérée de noir, marquée de trois boutonnières, &c.

La Redingote de drap blanc, garnie de douze gros boutons sur deux rangs, deux petits aux épaulettes; le bout des manches parementé de panne noire: collet de drap aurore.

Culotte de tricot blanc.

Boutons blancs....................... N.° 47.

LORRAINE.

Habit-veste de drap blanc, paremens, revers & collet droit de drap vert foncé; la patte de la poche coupée en travers, lisérée

liſérée de drap vert foncé, marquée de trois boutonnières ſans boutons; le revers garni de ſept petits boutons placés à diſtance égale, quatre au-deſſous de même, deux petits aux épaulettes: l'ouverture de l'avant-bras & du parement, fermée par deux petits boutons chacune.

La Redingote de drap blanc, garnie de douze gros boutons ſur deux rangs, deux petits aux épaulettes; le bout des manches parementé de drap vert: collet de même drap.

Culotte de tricot blanc.

Boutons jaunes.......................... N.° 48.

ARTOIS.

Habit-veſte de drap blanc, paremens & revers de drap gris-argentin, collet droit de panne noire; la patte de la poche coupée en travers, liſérée de drap gris-argentin, marquée de trois boutonnières, &c.

La Redingote de drap blanc, garnie de douze gros boutons ſur deux rangs, deux petits aux épaulettes; le bout des manches parementé de drap gris-argentin: collet de panne noire.

Culotte de tricot blanc.

Boutons jaunes.......................... N.° 49.

BERRI.

Habit-veſte de drap blanc, paremens & revers de drap cramoiſi, collet droit de panne noire; la patte de la poche coupée en travers liſérée de drap cramoiſi, marquée de trois boutonnières, &c.

La Redingote de drap blanc, garnie de douze gros boutons ſur deux rangs, deux petits aux épaulettes; le bout des manches parementé de drap cramoiſi: collet de panne noire.

Culotte de tricot blanc.

Boutons blancs.......................... N.° 50.

HAINAULT.

Habit-veſte de drap blanc, paremens & revers de drap cramoiſi, collet droit de drap jonquille; la patte de la poche coupée en travers, liſérée de drap cramoiſi, marquée de trois boutonnières, &c.

La Redingote de drap blanc, garnie de douze gros boutons

ſur deux rangs, deux petits aux épaulettes; le bout des manches parementé de drap cramoiſi : collet de drap jonquille.

Culotte de tricot blanc.

Boutons jaunes. . . . . N.° 51.

LA SARRE.

Habit-veſte de drap blanc, paremens & revers de drap gris-argentin, collet droit de drap aurore; la patte de la poche coupée en travers, liſérée de drap gris-argentin, marquée de trois boutonnières, ſans boutons; le revers garni de ſept petits boutons placés à diſtance égale, quatre au-deſſous de même, deux petits aux épaulettes : l'ouverture de l'avant-bras & du parement fermée par deux petits boutons chacune.

La Redingote de drap blanc, garnie de douze gros boutons ſur deux rangs, deux petits aux épaulettes; le bout des manches parementé de drap gris-argentin : collet de drap aurore.

Culotte de tricot blanc.

Boutons blancs. . . . . N.° 52.

LA FÈRE.

Habit-veſte de drap blanc, paremens, revers & collet droit de drap jonquille; la patte de la poche coupée en travers, liſérée de drap jonquille, marquée de trois boutonnières, &c.

La Redingote de drap blanc, garnie de douze gros boutons ſur deux rangs, deux petits aux épaulettes; le bout des manches parementé de drap jonquille: le collet de même drap.

Culotte de tricot blanc.

Boutons jaunes. . . . . N.° 53.

ALSACE.

Habit-veſte de drap bleu-céleſte foncé, paremens, revers & collet droit de drap rouge; la patte de la poche coupée en travers, liſérée de rouge, marquée de trois boutonnières, &c.

La Redingote de drap bleu, garnie de douze gros boutons ſur deux rangs, deux petits boutons aux épaulettes; le bout des manches parementé de drap rouge: collet de même drap.

Culotte de tricot blanc.

Boutons blancs. . . . . N.° 54.

ROYAL-ROUSSILLON.

Habit-veſte de drap blanc, paremens & revers de drap bleu-céleſte, collet droit de drap rouge; la patte de la poche coupée en travers, liſérée de drap bleu-céleſte, marquée de trois boutonnières ſans boutons; le revers garni de ſept petits boutons placés à diſtance égale, quatre au-deſſous de même, deux petits aux épaulettes: l'ouverture de l'avant-bras & du parement fermée par deux petits boutons chacune.

La Redingote de drap blanc, garnie de douze gros boutons ſur deux rangs, deux petits aux épaulettes; le bout des manches parementé de drap bleu-céleſte: collet de drap rouge.

Culotte de tricot blanc.

Boutons blancs . . . . N.° 55.

CONDÉ.

Habit-veſte de drap blanc, paremens & revers de drap rouge, collet droit de drap jonquille; la patte de la poche coupée en travers, liſérée de drap rouge, marquée de trois boutonnières, &c.

La Redingote de drap blanc, garnie de douze gros boutons ſur deux rangs, deux petits aux épaulettes; le bout des manches parementé de drap rouge: collet de drap jonquille.

Culotte de tricot blanc.

Boutons jaunes aux armes du Prince . . . . N.° 56.

BOURBON.

Habit-veſte de drap blanc, paremens & revers de drap rouge, collet droit de panne noire; la patte de la poche coupée en travers, liſérée de drap rouge, marquée de trois boutonnières, &c.

La Redingote de drap blanc, garnie de douze gros boutons ſur deux rangs, deux petits aux épaulettes; le bout des manches parementé de drap rouge: collet de panne noire.

Culotte de tricot blanc.

Boutons blancs aux armes du Prince . . . . . . N.° 57.

BEAUVOISIS.

Habit-veſte de drap blanc, paremens & revers de drap vert foncé, collet droit de drap cramoiſi; la patte de la poche coupée en travers, liſérée de drap vert foncé, marquée de trois boutonnières ſans boutons; le revers garni de ſept petits boutons placés à diſtance égale, quatre au-deſſous de même, deux petits aux épaulettes: l'ouverture de l'avant-bras & du parement fermée par deux petits boutons chacune.

La Redingote de drap blanc, garnie de douze gros boutons ſur deux rangs, deux petits aux épaulettes; le bout des manches parementé de drap vert foncé: collet de drap cramoiſi.

Culotte de tricot blanc.

Boutons blancs . . . . N.° 58.

ROUERGUE.

Habit-veſte de drap blanc, paremens & revers de drap vert foncé, collet droit de drap aurore; la patte de la poche coupée en travers, liſérée de drap vert foncé, marquée de trois boutonnières, &c.

La Redingote de drap blanc, garnie de douze gros boutons ſur deux rangs, deux petits aux épaulettes; le bout des manches parementé de drap vert foncé: collet de drap aurore.

Culotte de tricot blanc.

Boutons blancs . . . . N.° 59.

BOURGOGNE.

Habit-veſte de drap blanc, paremens & revers de drap gris-de-fer, collet droit de drap cramoiſi; la patte de la poche coupée en travers, liſérée de drap gris-de-fer, marquée de trois boutonnières, &c.

La Redingote de drap blanc, garnie de douze gros boutons ſur deux rangs, deux petits aux épaulettes; le bout des manches parementé de drap gris-de-fer: collet de drap cramoiſi.

Culotte de tricot blanc.

Boutons jaunes . . . . N.° 60.

ROYAL-LA-MARINE.

Habit-veſte de drap blanc, paremens & revers de drap bleu-céleſte, collet droit de panne noire; la patte de la poche coupée en travers, liſérée de drap bleu-céleſte, marquée de trois boutonnières, &c.

La

La Redingote de drap blanc garnie de douze gros boutons ſur deux rangs, deux petits aux épaulettes; le bout des manches parementé de drap bleu-céleſte: collet de panne noire.

Culotte de tricot blanc.

Boutons blancs . . . . N.° 61.

VERMANDOIS.

Habit-veſte de drap blanc, paremens & revers de drap rouge piqueté de blanc, collet droit de drap aurore; la patte de la poche coupée en travers, liſérée de drap rouge piqueté de blanc, marquée de trois boutonnières ſans boutons; le revers garni de ſept petits boutons placés à diſtance égale, quatre au-deſſous de même, deux petits aux épaulettes : l'ouverture de l'avant-bras & du parement fermée par deux petits boutons chacune.

La Redingote de drap blanc, garnie de douze gros boutons ſur deux rangs, deux petits aux épaulettes; le bout des manches parementé de drap rouge piqueté de blanc : collet de drap aurore.

Culotte de tricot blanc.

Boutons jaunes . . . . N.° 62.

ANHALT.

Habit-veſte de drap bleu-céleſte foncé, paremens, revers & collet de drap jaune-citron; la patte de la poche coupée en travers, liſérée de même drap, marquée de trois boutonnières, &c.

La Redingote de drap bleu, garnie de douze gros boutons ſur deux rangs, deux petits aux épaulettes; le bout des manches parementé de drap citron : collet de même drap.

Culotte de tricot blanc.

Boutons blancs . . . . N.° 63.

ARTILLERIE.

Habit-veſte de drap bleu-de-roi, collet droit & revers de même drap, liſérés de rouge, paremens de drap rouge; la patte de la poche coupée en travers, liſérée de même drap rouge, marquée de trois boutonnières, &c.

La Redingote de drap bleu, garnie de douze gros boutons ſur deux rangs, deux petits boutons aux épaulettes; le bout des manches parementé de drap rouge : collet bleu liſéré de rouge.

Culotte de tricot bleu.

Boutons jaunes . . . . N.° 64.

COMPAGNIES DE MINEURS.

Les compagnies de Mineurs porteront le même uniforme que les régimens d'Artillerie, à l'exception des épaulettes qui, au lieu d'être de drap bleu, feront pour l'habit-veste & pour la redingote en laine aurore.

COMPAGNIES D'OUVRIERS.

Les compagnies d'Ouvriers porteront le même uniforme que les régimens du Corps-Royal, en substituant au revers bleu le revers de drap rouge; collet de la redingote en drap rouge.

GARDES-MAGASINS ET ARTIFICIERS D'ARTILLERIE.

Les Gardes-magasins & Artificiers d'Artillerie, porteront l'habit de drap bleu, avec paremens & collet de velours bleu-céleste.

CONDUCTEURS DE CHARROIS.

Les Conducteurs de charrois d'Artillerie, porteront l'habit-veste de drap bleu-de-roi; les paremens, revers & collet seront de drap bleu-céleste.

La Redingote sera de drap bleu, garnie de douze gros boutons sur deux rangs, sans épaulettes: le bout des manches parementé de drap bleu-céleste; le collet de même drap.

ROYAL-ITALIEN.

Habit-veste de drap bleu-céleste foncé, collet droit de drap rose, paremens & revers de drap de couleur jonquille; la patte de la poche coupée en travers, liférée de même drap, marquée de trois boutonnières sans boutons; le revers garni de sept petits boutons placés à distance égale, quatre au-dessous de même, deux petits aux épaulettes: l'ouverture de l'avant-bras & du parement fermée par deux petits boutons chacune.

La Redingote de drap bleu, garnie de douze gros boutons sur deux rangs, deux petits boutons aux épaulettes; le bout des manches parementé de drap jonquille: collet de drap rose.

Culotte de tricot blanc.

Boutons jaunes.......................... N.° 65.

ERLACK.

66. Habit-veste de drap rouge-garance, paremens, revers & collet droit de panne noire; la patte de la poche coupée en travers, liférée de noir, marquée de trois boutonnières sans boutons: le revers garni de sept petits boutons placés à distance égale, quatre au-dessous de même, deux petits aux épaulettes; l'ouverture de l'avant-bras & du parement fermée par deux petits boutons chacune.

La Redingote de drap rouge, garnie de douze gros boutons sur deux rangs, deux petits aux épaulettes; le bout des manches parementé de panne noire: collet de même.

Culotte de tricot blanc.

Boutons blancs unis.

BOCCARD.

67. Habit-veste de drap rouge-garance, collet droit de même drap, paremens & revers de drap jaune-citron; la patte de la poche coupée en travers, liférée de même drap, marquée de trois boutonnières, &c.

La Redingote de drap rouge, garnie de douze gros boutons sur deux rangs, deux petits aux épaulettes; le bout des manches parementé de drap jaune-citron; collet de drap rouge.

Culotte de tricot blanc.

Boutons blancs unis.

SONNEMBERG.

68. Habit-veste de drap rouge-garance, paremens, revers & collet droit de drap bleu; la patte de la poche coupée en travers, liférée de bleu, marquée de trois boutonnières, &c.

La Redingote de drap rouge-garance, garnie de douze gros boutons sur deux rangs, deux petits aux épaulettes; le bout des manches parementé de drap bleu: collet de même drap.

Culotte de tricot blanc.

Boutons blancs unis.

CASTELLA.

69. Habit-veste de drap rouge-garance, paremens, collet droit & revers de drap bleu, garnis de boutonnières blanches; la patte

de la poche coupée en travers, liſérée de bleu, marquée de trois boutonnières ſans boutons; le revers garni de ſept petits boutons placés à diſtance égale, quatre au-deſſous de même, deux petits aux épaulettes: l'ouverture de l'avant-bras & du parement fermée par deux petits boutons chacune.

La Redingote de drap rouge-garance, garnie de douze gros boutons ſur deux rangs, avec boutonnières blanches, deux petits boutons aux épaulettes; le bout des manches parementé de drap bleu: collet de même drap.

Culotte de tricot blanc.

Boutons blancs unis.

LANGUEDOC.

Habit-veſte de drap blanc, paremens & revers de drap aurore, collet droit de même drap; la patte de la poche coupée en travers, liſérée de drap aurore, marquée de trois boutonnières, &c.

La Redingote de drap blanc, garnie de douze gros boutons ſur deux rangs, deux petits aux épaulettes; le bout des manches parementé de drap aurore: collet de drap pareil.

Culotte de tricot blanc.

Boutons blancs .... N.° 70.

BEAUCE.

Habit-veſte de drap blanc, paremens & revers de drap aurore, collet droit de drap vert; la patte de la poche coupée en travers, liſérée de drap aurore, marquée de trois boutonnières, &c.

La Redingote de drap blanc, garnie de douze gros boutons ſur deux rangs, deux petits aux épaulettes; le bout des manches parementé de drap aurore: collet de drap vert.

Culotte de tricot blanc.

Boutons jaunes .... N.° 71.

WALDNER.

72. Habit-veſte de drap rouge-garence, collet droit & revers de même drap, liſéré de blanc, paremens de drap blanc; la patte de la poche coupée en travers, liſérée de drap blanc, marquée de trois boutonnières, &c.

La

La Redingote de drap rouge-garance, garnie de douze gros boutons ſur deux rangs, deux petits aux épaulettes; le bout des manches parementé de drap blanc: collet rouge liſéré de blanc.

Culotte de tricot blanc.

Boutons blancs unis.

MÉDOC.

Habit-veſte de drap blanc, paremens & revers de drap jonquille, collet droit de drap vert; la patte de la poche coupée en travers, liſérée de drap jonquille, marquée de trois boutonnières ſans boutons; le revers garni de ſept petits boutons placés à diſtance égale, quatre au-deſſous de même, deux petits aux épaulettes: l'ouverture de l'avant-bras & du parement fermée par deux petits boutons chacune.

La Redingote de drap blanc, garnie de douze gros boutons ſur deux rangs, deux petits aux épaulettes; le bout des manches parementé de drap jonquille: collet de drap vert.

Culotte de tricot blanc.

Boutons blancs . . . . N.° 73.

VIVARAIS.

Habit-veſte de drap blanc, paremens & revers de drap gris-de-fer, collet droit de drap aurore; la patte de la poche coupée en travers, liſérée de drap gris-de-fer, marquée de trois boutonnières, &c.

La Redingote de drap blanc, garnie de douze gros boutons ſur deux rangs, deux petits aux épaulettes; le bout des manches parementé de drap gris-de-fer: collet de drap aurore.

Culotte de tricot blanc.

Boutons jaunes . . . . N.° 74.

VEXIN.

Habit-veſte de drap blanc, paremens & revers de drap vert-foncé, collet droit de drap rouge; la patte de la poche coupée en travers, liſérée de drap vert-foncé, marquée de trois boutonnières, &c.

La Redingote de drap blanc, garnie de douze gros boutons ſur deux rangs, deux petits aux épaulettes; le bout des manches parementé de drap vert-foncé: collet de drap rouge.

Culotte de tricot blanc.

Boutons blancs . . . . N.° 75.

ROYAL-COMTOIS.

Habit-veste de drap blanc, paremens & revers de drap bleu-céleste, collet droit de drap cramoisi; la patte de la poche coupée en travers, liférée de drap bleu-céleste, marquée de trois boutonnières sans boutons; le revers garni de sept petits boutons placés à distance égale, quatre au-dessous de même, deux petits aux épaulettes: l'ouverture de l'avant-bras & du parement fermée par deux petits boutons chacune.

La Redingote de drap blanc, garnie de douze gros boutons sur deux rangs, deux petits aux épaulettes; le bout des manches parementé de drap bleu-céleste: collet de drap cramoisi.

Culotte de tricot blanc.

Boutons jaunes . . . . N.° 76.

BEAUJOLOIS.

Habit-veste de drap blanc, paremens & revers de drap jonquille, collet droit de drap bleu; la patte de la poche coupée en travers, liférée de drap jonquille, marquée de trois boutonnières, &c.

La Redingote de drap blanc, garnie de douze gros boutons sur deux rangs, deux petits aux épaulettes; le bout des manches parementé de drap jonquille: collet de drap bleu.

Culotte de tricot blanc.

Boutons blancs . . . . N.° 77.

MONSIEUR.

Habit-veste de drap blanc, paremens & revers de drap rouge, collet droit de drap vert; la patte de la poche coupée en travers, liférée de drap rouge, marquée de trois boutonnières, &c.

La Redingote de drap blanc, garnie de douze gros boutons sur deux rangs, deux petits aux épaulettes; le bout des manches parementé de drap rouge: collet de drap vert.

Culotte de tricot blanc.

Boutons jaunes aux armes du Prince . . . . N.° 78.

D'AULBONNE.

79. Habit-veste de drap rouge-garance, collet droit de drap vert, paremens & revers de drap jaune; la patte de la poche coupée

en travers, liſérée de drap jaune, marquée de trois boutonnières ſans boutons; le revers garni de ſept petits boutons placés à diſtance égale, quatre au-deſſous de même, deux petits aux épaulettes; l'ouverture de l'avant-bras & du parement fermée par deux petits boutons chacune.

La Redingote de drap rouge-garance, garnie de douze gros boutons ſur deux rangs, deux petits aux épaulettes; le bout des manches parementé de drap jaune: collet de drap vert.

Culotte de tricot blanc.

Boutons blancs unis.

LA MARCK.

Habit-veſte de drap bleu-céleſte foncé, collet droit de drap rouge, paremens & revers de drap jonquille; la patte de la poche coupée en travers, liſérée de même drap, marquée de trois boutonnières, &c.

La Redingote de drap bleu, garnie de douze gros boutons ſur deux rangs, deux petits aux épaulettes; le bout des manches parementé de drap jonquille: collet de drap rouge.

Culotte de tricot blanc.

Boutons blancs.................... N.° 80.

PENTHIÈVRE.

Habit-veſte de drap blanc, paremens & revers de drap bleu, collet droit de drap jonquille; la patte de la poche coupée en travers, liſérée de drap bleu, marquée de trois boutonnières, &c.

La Redingote de drap blanc garnie de douze gros boutons ſur deux rangs, deux petits aux épaulettes; le bout des manches parementé de drap bleu: collet de drap jonquille.

Culotte de tricot blanc.

Boutons blancs aux armes du Prince...... N.° 81.

BOULONOIS.

Habit-veſte de drap blanc, paremens & revers de drap cramoiſi, collet droit de drap roſe; la patte de la poche coupée en travers, liſérée de drap cramoiſi, marquée de trois boutonnières, &c.

La Redingote de drap blanc garnie de douze gros boutons ſur deux rangs, deux petits aux épaulettes; le bout des manches parementé de drap cramoiſi: collet de drap roſe.

Culotte de tricot blanc.

Boutons blancs........................ N.° 82.

ANGOUMOIS.

Habit-veſte de drap blanc, paremens & revers de drap cramoiſi, collet droit de drap bleu-céleſte; la patte de la poche coupée en travers, liſérée de drap cramoiſi, marquée de trois boutonnières ſans boutons; le revers garni de ſept petits boutons placés à diſtance égale, quatre au-deſſous de même, deux petits aux épaulettes: l'ouverture de l'avant-bras & du parement fermée par deux petits boutons chacune.

La Redingote de drap blanc, garnie de douze gros boutons ſur deux rangs, deux petits aux épaulettes; le bout des manches parementé de drap cramoiſi: collet de drap bleu-céleſte.

Culotte de tricot blanc.

Boutons jaunes........................ N.° 83.

LA MARCHE.

Habit-veſte de drap blanc, paremens & revers de drap bleu, collet droit de drap cramoiſi; la patte de la poche coupée en travers, liſérée de drap bleu, marquée de trois boutonnières, &c.

La Redingote de drap blanc, garnie de douze gros boutons ſur deux rangs, deux petits aux épaulettes; le bout des manches parementé de drap bleu: collet de drap cramoiſi.

Culotte de tricot blanc.

Boutons jaunes aux armes du Prince...... N.° 84.

SAINTONGE.

Habit-veſte de drap blanc, paremens & revers de drap aurore, collet droit de drap bleu-céleſte; la patte de la poche coupée en travers, liſérée de drap aurore, marquée de trois boutonnières, &c.

La Redingote de drap blanc, garnie de douze gros boutons ſur deux rangs, deux petits aux épaulettes; le bout des manches parementé de drap aurore: collet de drap bleu-céleſte.

Culotte de tricot blanc.

Boutons blancs........................ N.° 85.

FOIX.

FOIX.

Habit-veſte de drap blanc, paremens & revers de drap vert foncé, collet droit de drap jonquille; la patte de la poche coupée en travers, liſérée de drap vert foncé, marquée de trois boutonnières ſans boutons; le revers garni de ſept petits boutons placés à diſtance égale, quatre au-deſſous de même, deux petits aux épaulettes: l'ouverture de l'avant-bras & du parement fermée par deux petits boutons chacune.

La Redingote de drap blanc, garnie de douze gros boutons ſur deux rangs, deux petits aux épaulettes; le bout des manches parementé de drap vert foncé: collet de drap jonquille.

Culotte de tricot blanc.

Boutons jaunes........................ N.° 86.

ROHAN-SOUBISE.

Habit-veſte de drap blanc, paremens & revers de drap violet, collet droit de drap rouge; la patte de la poche coupée en travers, liſérée de drap violet, marquée de trois boutonnières, &c.

La Redingote de drap blanc, garnie de douze gros boutons ſur deux rangs, deux petits aux épaulettes; le bout des manches parementé de drap violet: collet de drap rouge.

Culotte de tricot blanc.

Boutons blancs........................ N.° 87.

DIESBACK.

88. Habit-veſte de drap rouge-garance, collet droit, revers & paremens de drap bleu-céleſte; la patte de la poche coupée en travers, liſérée de drap bleu-céleſte, marquée de trois boutonnières, &c.

La Redingote de drap rouge-garance, garnie de douze gros boutons ſur deux rangs, deux petits aux épaulettes; le bout des manches parementé de drap bleu-céleſte: collet de même drap.

Culotte de tricot blanc.

Boutons blancs unis.

COURTEN.

89. Habit-veſte de drap rouge-garance, collet droit, revers & paremens petits & ouverts ſans boutons, de drap bleu-de-roi,

liférés de drap blanc; la patte de la poche coupée en travers, liférée de drap bleu, marquée de trois boutonnières fans boutons; le revers garni de fept petits boutons placés à diftance égale, quatre au-deffous de même, deux petits aux épaulettes.

La Redingote de drap rouge-garance, garnie de douze gros boutons fur deux rangs, deux petits aux épaulettes; le bout des manches parementé de drap bleu-de-roi liféré de blanc: collet de même drap.

Culotte de tricot blanc.

Boutons blancs unis.

DILLON.

Habit-vefte de drap rouge-garance, paremens & revers de drap jonquille, collet droit de drap blanc; le deffus de l'avant-bras & du parement garni de quatre boutonnières en équerre & de quatre petits boutons; la patte de la poche coupée en travers, liférée de drap de même couleur, marquée de trois boutonnières, &c.

La Redingote de drap rouge-garance, garnie de douze gros boutons fur deux rangs, deux petits aux épaulettes: le bout des manches parementé de drap jonquille: collet de drap blanc.

Culotte de tricot blanc.

Boutons jaunes .... N.° 90.

BERWICK.

Habit-vefte de drap rouge-garance, collet droit de drap jonquille, paremens & revers de panne noire; le deffus de l'avant-bras & du parement garni de quatre boutonnières en équerre & de quatre petits boutons; la patte de la poche coupée en travers, liférée de drap de la couleur diftinctive de l'uniforme, marquée de trois boutonnières, &c.

La Redingote de drap rouge-garance, garnie de douze gros boutons fur deux rangs, deux petits aux épaulettes; le bout des manches parementé de panne noire: collet de drap jonquille.

Culotte de tricot blanc.

Boutons blancs .... N.° 91.

ROYAL-SUÉDOIS.

Habit-vefte de drap bleu-célefte foncé, collet droit, paremens & revers de drap chamois; la patte de la poche coupée en travers, liſérée de même drap, marquée de trois boutonnières ſans boutons; le revers garni de ſept petits boutons placés à diſtance égale, quatre au-deſſous de même, deux petits aux épaulettes: l'ouverture de l'avant-bras & du parement fermée par deux petits boutons chacune.

La Redingote de drap bleu, garnie de douze gros boutons ſur deux rangs, deux petits boutons aux épaulettes; le bout des manches parementé de drap chamois: collet de même drap.

Culotte de tricot blanc.

Boutons jaunes . . . . N.° 92.

CHARTRES.

Habit-veſte de drap blanc, paremens & revers de drap rouge-garance, collet droit de drap roſe; la patte de la poche coupée en travers, liſérée de drap rouge, marquée de trois boutonnières, &c.

La Redingote de drap blanc, garnie de douze gros boutons ſur deux rangs, deux petits aux épaulettes; le bout des manches parementé de drap rouge: collet de drap roſe.

Culotte de tricot blanc.

Boutons blancs aux armes du Prince . . . . N.° 93.

CONTI.

Habit-veſte de drap blanc, paremens & revers de drap bleu, collet droit de drap aurore; la patte de la poche coupée en travers, liſérée de drap bleu, marquée de trois boutonnières, &c.

La Redingote de drap blanc, garnie de douze gros boutons ſur deux rangs, deux petits aux épaulettes; le bout des manches parementé de drap bleu: collet de drap aurore.

Culotte de tricot blanc.

Boutons blancs aux armes du Prince . . . . N.° 94.

WALSH.

Habit-veſte de drap rouge-garance, paremens & revers de drap bleu, collet droit de drap jonquille; la patte de la poche coupée en travers, liſérée de drap bleu, marquée de trois boutonnières ſans boutons; le revers garni de ſept petits boutons placés à diſtance égale, quatre au-deſſous de même, deux petits aux épaulettes; le deſſus de l'avant-bras & du parement garni de quatre boutonnières en équerre, & de quatre petits boutons.

La Redingote de drap rouge-garance, garnie de douze gros boutons ſur deux rangs, deux petits aux épaulettes; le bout des manches parementé de drap bleu: collet de drap jonquille.

Culotte de tricot blanc.

Boutons jaunes.......................... N.° 95.

ENGHIEN.

Habit-veſte de drap blanc, collet droit de drap rouge, paremens & revers de drap aurore; la patte de la poche coupée en travers, liſérée de drap aurore, marquée de trois boutonnières ſans boutons; le revers garni de ſept petits boutons placés à diſtance égale, quatre au-deſſous de même, deux petits aux épaulettes: l'ouverture de l'avant-bras & du parement fermée par deux petits boutons chacune.

La Redingote de drap blanc, garnie de douze gros boutons ſur deux rangs, deux petits aux épaulettes; le bout des manches parementé de drap aurore: collet de drap rouge.

Culotte de tricot blanc.

Boutons blancs aux armes du Prince......... N.° 96.

ROYAL-BAVIÈRE.

Habit-veſte de drap bleu-céleſte foncé, collet droit, paremens & revers de panne noire; la patte de la poche coupée en travers, liſérée de noir, marquée de trois boutonnières, &c.

La Redingote de drap bleu, garnie de douze gros boutons ſur deux rangs, deux petits aux épaulettes; le bout des manches parementé de panne noire: collet de même panne.

Culotte de tricot blanc.

Boutons blancs......................... N.° 97.

TROUPES PROVINCIALES.

98. Habit-veſte de drap blanc, paremens & revers de même drap, collet droit de drap bleu; la poche liſérée de même, marquée de trois boutonnières ſans boutons; le revers garni de ſept petits boutons placés à diſtance égale, avec autant de boutonnières façonnées à la criquette, quatre petits au-deſſous, deux petits aux épaulettes: l'ouverture de l'avant-bras & du parement fermée par deux petits boutons chacune.

La

La Redingote de drap blanc, garnie de douze gros boutons ſur deux rangs, deux petits aux épaulettes; le bout des manches parementé de drap blanc : collet de drap bleu.

Culotte de tricot blanc.

Boutons blancs.

SALIS.

99. Habit-veſte de drap rouge-garance, collet droit de drap blanc, paremens & revers de drap bleu-de-roi; la patte de la poche coupée en travers, liſérée de même drap bleu, marquée de trois boutonnières ſans boutons; le revers garni de ſept petits boutons placés à diſtance égale, quatre au-deſſous de même, deux petits aux épaulettes: l'ouverture de l'avant-bras & du parement fermée par deux petits boutons chacune.

La Redingote de drap rouge, garnie de douze gros boutons ſur deux rangs, deux petits aux épaulettes; le bout des manches parementé de drap bleu : collet de drap blanc.

Culotte de tricot blanc.

Boutons blancs unis.

ROYAL-CORSE.

Habit-veſte de drap bleu-céleſte foncé, collet droit de panne noire, paremens & revers de drap jonquille; la patte de la poche coupée en travers, liſérée de même drap, marquée de trois boutonnières, &c.

La Redingote de drap bleu, garnie de douze gros boutons ſur deux rangs, deux petits aux épaulettes; le bout des manches parementé de drap jonquille: collet de panne noire.

Culotte de tricot blanc.

Boutons blancs.......................... N.° 100.

NASSAU.

Habit-veſte de drap bleu-céleſte foncé, collet droit, paremens & revers de drap couleur de roſe; la patte de la poche coupée en travers, liſérée de même drap roſe, marquée de trois boutonnières, &c.

La Redingote de drap bleu, garnie de douze gros boutons ſur deux rangs, deux petits aux épaulettes; le bout des manches parementé de drap roſe: collet de même drap.

Culotte de tricot blanc.

Boutons blancs.......................... N.° 101.

LOCKMANN.

102. Habit-veste de drap rouge-garance, collet droit de drap aurore, paremens fermés de trois petits boutons & revers de drap bleu-de-roi; la patte de la poche coupée en travers, lisérée de drap bleu, marquée de trois boutonnières sans boutons: le revers garni de sept petits boutons placés à distance égale, quatre au-dessous de même, deux petits aux épaulettes.

La Redingote de drap rouge, garnie de douze gros boutons sur deux rangs, deux petits aux épaulettes; le bout des manches parementé de drap bleu: collet de drap aurore.

Culotte de tricot blanc.

Boutons triolés Anglois, plats sur la tête.

BOUILLON.

Habit-veste de drap bleu-céleste foncé, paremens, collet droit & revers de drap blanc; la patte de la poche coupée en travers, lisérée de drap blanc, marquée de trois boutonnières, &c.

La Redingote de drap bleu, garnie de douze gros boutons sur deux rangs, deux petits aux épaulettes; le bout des manches parementé de drap blanc: collet de même drap.

Culotte de tricot blanc.

Boutons jaunes.................... N.° 103.

ROYAL-DEUX-PONTS.

Habit-veste de drap bleu-céleste foncé, paremens, collet droit & revers de drap cramoisi; la patte de la poche coupée en travers, lisérée de même drap, marquée de trois boutonnières, &c.

La Redingote de drap bleu, garnie de douze gros boutons sur deux rangs, deux petits aux épaulettes; le bout des manches parementé de drap cramoisi: collet de même drap.

Culotte de tricot blanc.

Boutons blancs.................... N.° 104.

EPTINGEN.

105. Habit-veste de drap rouge-garance, paremens, collet droit & revers de drap blanc; la patte de la poche coupée en travers,

lifêrée de blanc, marquée de trois boutonnières fans boutons; le revers garni de fept petits boutons placés à diftance égale, quatre au-deffous de même, deux petits aux épaulettes: l'ouverture de l'avant-bras & du parement fermée par deux petits boutons chacune.

La Redingote de drap rouge, garnie de douze gros boutons fur deux rangs, deux petits aux épaulettes; le bout des manches parementé de drap blanc: collet de même drap.

Culotte de tricot blanc.

Boutons blancs unis.

PROVINCIAL-CORSE.

106. Vefte alongée, fans capuchon, de drap brun, tenant lieu d'habit, fermée par-derrière, garnie de douze petits boutons; les bafques du devant relevées & agraffées à la poche; petit parement fermé en botte & collet de drap brun: doublure de cadis ou ferge de même couleur brune; gilet fans poche, garni de mouches & boutons d'étoffe.

Culotte de tricot vert avec canons alongés de trois doigts au-deffous du jarret, fans boutonnières ni boucles; guêtres de peau jaune: chapeau coupé à la Corfe, le côté du bouton retrouffé, & le furplus rabattu.

Boutons blancs godronnés.

ARTICLE 15.

De l'Uniforme des compagnies d'Invalides.

Habit de drap bleu fans revers, le collet de même drap, de douze à quinze lignes de hauteur, fans être renverfé; le parement de drap rouge-garance, doublure de même couleur; gilet-camifole en forme de vefte, de laine bleue pour les Invalides de l'intérieur de l'Hôtel, des compagnies attachées à la garde des maifons royales dans Paris, Verfailles & à Vincennes; & d'étoffe de laine blanche pour les Invalides des autres compagnies détachées & penfionnaires; le devant du juft-au-corps garni de douze gros boutons blancs, fans boutonnières que celles de la couleur de l'étoffe, fur laquelle elles feront appliquées: patte de poches ordinaire avec trois boutons uniformes, & autant au parement.

CHAPITRE II.

CAVALERIE ET DRAGONS.

ARTICLE PREMIER.

De l'Habillement.

L'HABILLEMENT de chaque bas Officier, Cavalier ou Dragon, ſera, comme celui de l'Infanterie, compoſé d'une ceinture d'étoffe de laine croiſée, doublée de ſerge ou cadis, d'un gilet avec manches, d'un habit-veſte & d'une culotte de drap; il ſera auſſi fourni un manteau de drap.

La ceinture, de la largeur d'environ ſept pouces, ſera façonnée avec du tricot croiſé blanc, doublée de ſerge ou cadis de même couleur; elle ſera à l'une des extrémités, garnie de quatre boutonnières ouvertes, & à la partie oppoſée, de deux rangs de boutons d'étoffe eſpacés, pour élargir ou rétrécir ladite ceinture à volonté.

Le gilet ſera de drap blanc ſans doublure; il ſera parementé de toile, tant pour ſoutenir les boutonnières, que pour ſervir de droit-fil à l'attache des boutons, qui ſeront d'étoffe pareille au gilet; les manches ſeront de toile; les coutures dudit gilet ſeront recouvertes en contre-fort par une bande de toile; il ſera couſu en-deſſous des petites lanières ouvertes en boutonnières, pour fixer le gilet aux boutons du pont-levis de la culotte.

L'habit-veſte, pour tous les régimens de Cavalerie, ſera de drap bleu-de-roi; & pour ceux des Dragons, de vert foncé naturel: ils ſeront les uns & les autres doublés de ſerge ou cadis blanc; le collet, qui ſera droit, de douze à quinze lignes de hauteur; les paremens & les revers ſeront des couleurs tranchantes qui ſeront réglées pour la diſtinction de l'uniforme.

Les

Les revers mesurés de la pointe qui sera fixée dans la partie supérieure par le premier bouton, auront dix-sept à dix-huit pouces de longueur, trois pouces & demi apparens dans la plus grande largeur, trois pouces trois lignes au milieu, & deux pouces six lignes dans le bas, qui sera coupé carrément.

Chaque côté de revers sera garni, pour tous les régimens de Cavalerie indistinctement, de sept petites portes & crochets placés en opposition, pour servir commodément à contenir le revers en parade, & à le rendre utile lorsque l'homme en devra couvrir sa poitrine; les boutons desdits revers seront supprimés, pour ne pas gêner le plastron-cuirasse, dont le Cavalier doit être équipé: le dessous du revers sera garni de quatre petits boutons & d'autant de boutonnières ouvertes au côté opposé.

Chaque côté de revers de l'uniforme des régimens de Dragons, sera garni de sept petits boutons placés à distance égale, & le dessous de quatre boutons pareils, avec même nombre de boutonnières ouvertes au côté opposé.

La bande de drap de couleur distinctive, qui sera cousue à la manche pour servir de parement, sera large de quatre pouces, dont un sera replié en-dedans, & trois demeureront apparens; la partie de l'avant-bras, qui précèdera le parement, sera ouverte de trois pouces de longueur; il y sera fait deux boutonnières & pareil nombre au parement, pour être fermés par quatre petits boutons; ces ouvertures seront faites sur la hauteur du dehors du parement & de l'avant-bras, pour prévenir l'incommodité dont étoient les boutons précédemment placés en-dessous; il sera ouvert sur chaque basque du devant de l'habit-veste, une poche qui aura la profondeur d'environ six pouces: elle sera fermée par une patte ordinaire, coupée en travers, doublée d'un morceau de serge qui débordera en passe-poil de la couleur distinctive du revers.

Le deſſous de la baſque de l'habit-veſte, ſera, depuis l'emplacement des poches, doublé de cadis ou ſerge de la couleur tranchante du revers; le devant ſera coupé en pointe Polonoiſe, pour, en s'agraffant, couvrir la partie ſupérieure des cuiſſes, quand la ſaiſon l'exigera, & pour être retrouſſé & agraffé à la pointe oppoſée lorſque le temps permettra la parade de l'uniforme. Chacune des extrémités deſdites baſques ſera garnie d'une fleur-de-lys en drap de la couleur du ſond de l'habit; la partie antérieure des baſques du derrière, ſera coupée de façon à être aſſemblée & réunie carrément par une couture en deſſous de la pointe retrouſſée de la baſque du devant: le derrière de l'habit-veſte ſera coupé de façon à croiſer l'un ſur l'autre, au moyen d'un cran qui ſera ménagé au bas de la couture de la taille.

Il ſera placé ſur chaque épaule une épaulette doublée & liſérée, du drap de la couleur diſtinctive du revers; l'extrémité ſera ouverte d'une boutonnière, pour être fixée à un petit bouton qui ſera couſu proche la couture de l'emmanchure.

Toutes ces parties d'habillement ſeront tenues larges & aiſées, proportionnément à la taille des hommes, de manière qu'ils ne puiſſent jamais être gênés, & que les habillemens puiſſent être boutonnés aiſément dans toute leur longueur.

La culotte ſera à pont-levis; elle ſera pour tous les grades façonnée en drap blanc; les boutons ſeront de la même étoffe: le caleçon ſera de toile écrue & attaché à la culotte; elle ſera montée très-haut & proportionnément à la poſition de la hanche de l'homme: la ceinture aura trois pouces & demi de largeur; le bas de la culotte couvrira entièrement le genou.

Les culottes de drap devront durer deux ans.

Il ſera permis aux bas Officiers, Cavaliers ou Dragons, de ſe fournir de gilets & culottes de toile blanche pour l'été, pourvu que la Maſſe deſtinée à l'entretien du petit équipement le puiſſe permettre, & que d'après le compte rendu de ladite Maſſe, le Conſeil du régiment l'aura autoriſé, ſous l'approbation de l'Officier général commandant la diviſion.

Le manteau ſera à l'ordinaire de drap gris-blanc piqué de bleu, façonné dans la forme uſitée & précédemment preſcrite.

Les fournitures qui devront être employées à l'exécution de chacune des parties d'habillement ci-deſſus réglées, ſeront détaillées dans une feuille de devis attachée à la fin du préſent.

Pour rendre plus ſenſible la forme & les proportions décrites, & mettre les Officiers qui ſeront chargés de l'habillement, plus en état de les faire obſerver, proportionnément à la taille des hommes qui devront être vêtus, il ſera envoyé aux régimens un modèle de chacune des parties d'habillement, pour y faire conformer les ouvriers, & empêcher qu'il y ſoit apporté aucun changement; les boutons uniformes & la queue pour les attacher qui ſera de même matière, ſeront de cuivre ou d'étain pour tous les grades de chaque compagnie indiſtinctement; & attendu qu'ils doivent être de la meilleure qualité, ſuſceptibles de durer plus long-temps que l'habillement, & ſervir en partie au remplacement qui ſe ſuccède chaque année, les Régimens auront attention d'en prolonger la durée autant qu'il ſera poſſible.

Les boutonnières, qui devront être faites en poil de chèvre, ſeront de la couleur de l'étoffe ſur laquelle elles ſeront appliquées; celles qui ſeront deſtinées à ſouffrir l'uſage des boutons, ſeront façonnées en drap & aplaties par le careau.

Indépendamment des effets d'habillement ci-deſſus, chaque Cavalier ou Dragon ſera pourvu d'une longue culotte à la marinière, & d'un ſurtout ou palteau de treillis écru, pour lui ſervir de vêtement à l'écurie & lors du panſement du cheval.

Tous les effets d'habillement ſeront conſervés & ménagés pour durer le plus long-temps poſſible, & dans la confiance d'éprouver cette attention des ſoins du régiment, on s'en rapporte au Conſeil de chaque Corps pour déterminer & propoſer au mois de Juin ou de Juillet de chaque année au plus tard, la quantité & l'eſpèce des objets de remplacement qu'il aura reconnu néceſſaire pour l'hiver ſuivant; il en enverra à cette fin un état détaillé au Secrétaire d'État ayant le département de la guerre, après avoir été vérifié & conſtaté par l'Officier général qui commandera la diviſion.

Le Conſeil aura l'attention de ne permettre l'uſage, ſous prétexte de propreté, d'aucune matière qui ſeroit capable de détériorer les parties de l'habillement & d'en hâter la durée: la tenue ſera propre, ſimple & convenable à la conſervation de l'eſpèce & nature des marchandiſes qui y ſont employées.

Les hommes, qui, n'étant pas rengagés, devront avoir leur congé abſolu par rang d'ancienneté, ne participeront point à la diſtribution des habillemens neufs; on aura attention de ne leur laiſſer emporter que les effets qui ſeront à leur dernier période de réparation.

ARTICLE 2.

De la Coiffure.

LES chapeaux, dont les régimens de Cavalerie ſont pourvus, & les caſques, qui ſervent actuellement de coiffure aux Dragons, ſeront ſupprimés après avoir rempli le temps de leur durée.

Les bas Officiers, Cavaliers ou Dragons, ſeront à l'avenir coiffés indiſtinctement avec des chapeaux de laine bien feutrée, des forme & proportions qui ont été décrites par l'article 2 du présent Règlement concernant l'Infanterie.

Les cheveux des Cavaliers ou Dragons, seront liés & serrés dans un sac de veau noirci, de forme appelée *crapaud ;* les cheveux des faces seront frisés d'une boucle uniforme assez raccourcie pour ne pas incommoder ou assujettir l'homme de cheval.

ARTICLE 3.

Des Marques distinctives des grades dans les compagnies de Cavalerie ou de Dragons.

LES Maréchaux-des-logis en chef, porteront un double bordé de galon d'or ou d'argent fin, uniforme à la couleur du bouton, large de dix lignes, l'un cousu sur le parement de l'habit-veste, & l'autre sur l'avant-bras, à six lignes au-dessus du parement.

Les seconds Maréchaux-des-logis porteront le simple bordé de galon d'or ou d'argent sur l'avant-bras, à six lignes au-dessus du parement.

Les Fourriers-écrivains seront distingués par deux bandes de galon d'or ou d'argent, large de dix lignes, cousues en travers sur le dehors de la manche, au-dessus du pli du bras.

Les Brigadiers porteront au-dessus, & parallèlement au parement, un double bordé de galon de fil blanc ou de laine jaune; le premier sera placé à six lignes du parement, & le second à trois lignes du premier.

Les Cadets-gentilshommes porteront l'épaulette en galon d'or ou d'argent uniforme à la couleur du bouton, qui sera doré ou argenté.

Les Fraters porteront sur chaque parement, une boutonnière en patte-d'oie, d'un petit galon de laine ou fil jaune ou blanc, de la largeur de trois lignes.

Le Maréchal-ferrant portera fur le dehors de chaque manche, au-deffus du pli du bras, la figure d'un fer en galon de fil ou laine blanc ou jaune, felon la couleur du bouton.

ARTICLE 4.

De l'Habillement des Trompettes.

LES Trompettes porteront l'habit-vefte de drap bleu affecté à la livrée du Roi, avec les revers, paremens, collet, gilet, ceinture, doublures, culotte, des couleurs déterminées, & boutons réglés pour chaque régiment; à l'exception des régimens de l'État-major, de ceux de la Reine, des Princes du Sang, & des régimens de Dragons-gentilshommes, qui continueront à porter les habits de la livrée des Meftres-de-camp titulaires, en fe conformant aux marques diftinctives de l'uniforme réglé; de forte que les collet, revers & paremens de l'habillement des Trompettes, feront des mêmes couleurs que ceux des Cavaliers ou Dragons du même régiment. Les galons de livrées feront des mêmes largeurs, & difpofés dans le même ordre réglé pour les Tambours de l'Infanterie.

Défend Sa Majefté de faire galonner aucun defdits habits avec galons d'or ou d'argent, & d'apporter aucun changement à la difpofition ci-deffus prefcrite, fous telles peines que Sa Majefté fe réferve de prononcer.

ARTICLE 5.

De l'Habillement des Officiers.

L'HABILLEMENT des Officiers fera des mêmes couleurs que celui des Cavaliers ou Dragons, tant pour le fond que pour les diftinctions de l'uniforme; il ne différera que par la qualité des draps d'Elbeuf ou des Manufactures de même efpèce, & des boutons qui feront dorés ou argentés. Les Officiers porteront les parties de l'habillement uniforme dans les mêmes proportions, coupe & formes que celui des Cavaliers ou Dragons.

Les cheveux des Officiers seront liés & fermés dans un sac appelé *crapaud*, ainsi qu'il a été réglé pour les Cavaliers ou Dragons.

Tous les Officiers, sans distinction, seront coiffés avec des chapeaux qui seront bordés d'un petit galon de velours noir: cette coiffure sera garnie d'un panache de plumes blanches, à l'imitation de celui qui sera porté par les Cavaliers ou Dragons; aucun d'eux ne pourra porter de plumet avec l'habit uniforme, sous tel prétexte que ce soit.

Toute espèce de liséré, passe-poil de couleur & distinction quelconque, autres que celles qui auront été réglées pour l'habillement uniforme des Cavaliers ou Dragons, sera & demeurera expressément prohibée.

ARTICLE 6.

Dispositions générales sur l'Uniforme.

LES Officiers ne porteront, sous aucun prétexte, de doublures de soie aux effets de leur habillement uniforme; ils n'y porteront également aucunes boutonnières, galons ou agrémens d'or ou d'argent, qu'autant qu'ils seroient réglés pour l'uniforme. Les redingotes ou manteaux seront des mêmes couleurs réglées pour les Cavaliers ou Dragons; tous les Officiers, de quelque grade qu'ils soient, seront tenus de porter en toute occasion au régiment leur habillement uniforme pendant qu'ils existeront au service.

L'usage des manchettes de dentelles sera & demeurera prohibé.

Aucun Officier, de quelque grade qu'il soit, ne se permettra aucun changement, variation ou agrément quelconque dans les uniformes qui seront ci-après réglés pour chaque régiment, sous les peines que Sa Majesté jugera à propos de prononcer d'après le compte qui lui en aura été rendu.

ARTICLE 7.

Des Marques distinctives des grades des Officiers de Cavalerie & de Dragons.

Le Mestre-de-camp-commandant, portera de chaque côté une épaulette de tresse pleine en or ou en argent, selon la couleur du bouton blanc ou jaune affecté au régiment; elle sera ornée de franges à graines d'épinards, nœuds de cordelières & cordes à puits: toute espèce de broderie ou paillettes sera & demeurera défendue.

Le Mestre-de-camp en second, portera de chaque côté, comme le Mestre-de-camp-commandant, une pareille épaulette ornée de mêmes franges riches; mais au lieu d'être pleine en or ou en argent, le milieu sera, dans sa longueur, traversé par deux cordons de soie couleur de feu, tressés comme les autres cordons d'or ou d'argent.

Le Lieutenant-colonel portera à gauche une seule épaulette garnie de franges & agrémens pareils à l'épaulette du Colonel-commandant.

Ceux des Officiers qui auront le grade de Brigadier des armées, porteront, par distinction, sur l'épaulette une étoile brodée d'or ou d'argent, en opposition à la couleur de l'épaulette.

Le Major portera de chaque côté une épaulette en or ou en argent, ornée de franges seulement, sans aucun autre agrément.

Les Capitaines-commandans porteront sur l'épaule gauche une des épaulettes réglées pour le Major.

Les

Les Capitaines en ſecond, porteront la même épaulette coupée dans le milieu de ſa longueur par deux cordons de ſoie treſſée couleur de feu.

Les premiers Lieutenans ne pourront porter l'épaulette pleine en or ou en argent, elle ſera loſangée de carreaux de ſoie couleur de feu, ſur un fond de treſſe d'or ou d'argent uniforme à la couleur du bouton; la frange qui terminera, ſera mêlée d'or ou d'argent & de ſoie, en proportion du mélange qui ſera dans le tiſſu de l'épaulette.

Les Lieutenans en ſecond, porteront la même épaulette que les Lieutenans en premier, en obſervant qu'elle ſera traverſée dans le milieu de ſa longueur par deux cordons de ſoie couleur de feu.

Les Sous-lieutenans porteront l'épaulette à fond de ſoie couleur de feu, avec des carreaux treſſés d'or ou d'argent uniformes à la couleur du bouton, & des franges mêlées de ſoie & de filés d'or ou d'argent, en proportion du mélange de l'épaulette.

Le Quartier-maître-tréſorier, devant avoir le rang & les prérogatives de Lieutenant, portera la même épaulette qui a été réglée pour la diſtinction des Lieutenans en ſecond.

Les Porte-étendards porteront l'épaulette à fond de ſoie couleur de feu, liſérée d'or ou d'argent, ſuivant la couleur du bouton; elle ſera garnie de franges aſſorties.

L'Adjudant portera l'épaulette à fond de ſoie couleur de feu; elle ſera traverſée, dans le milieu de ſa longueur, de deux cordons treſſés d'or ou d'argent, aſſortis à la couleur du bouton.

Les Officiers ne pourront porter, pendant le temps qu'ils exiſteront au ſervice, que les épaulettes diſtinctives des emplois qu'ils exerceront; quand même ils ſeroient pourvus de grade ſupérieur, ils ſe conformeront à cet égard, avec exactitude, aux modèles envoyés & conformes aux diſtinctions ci-deſſus réglées pour chaque grade.

ARTICLE 8.

De l'Équipement des Cavaliers & Dragons.

LES cols feront de crêpon noir cannelé, de la largeur de dix-huit à vingt lignes; ils feront doublés d'une toile blanche qui recouvrira de deux lignes le crêpon: ils feront à leurs extrémités garnis d'une agraffe de fer coufue à chaque bout.

Les manches de chemifes feront à la matelotte; les feuls bas Officiers pourront porter des manchettes de toile.

Les manchettes de bottes feront en toile blanche.

Les gants feront faits de façon à être repliés fur le poignet; ils fe boutonneront par un des coins à un bouton coufu fur le milieu ou environ du repli, en dedans du poignet.

Les bottes, ceinturons, bandoulières, cartouches, porte-moufqueton ou grenadière & porte-manteau, continueront d'être façonnés dans les mêmes formes & proportions dont il eft fait ufage, & conformément aux difpofitions du Règlement du 25 avril 1767, pour la Cavalerie & pour les Dragons, jufqu'à ce que Sa Majefté ait jugé à propos d'en ordonner autrement.

ARTICLE 9.

De l'Harnachement des chevaux des Cavaliers.

L'USAGE des felles, dont les régimens de Cavalerie & Dragons font pourvus, fera continué; elles ne feront remplacées qu'après avoir été jugées hors de fervice & irréparables; & le remplacement en fera alors exécuté d'une manière fimple & folide, conformément au modèle qui fera envoyé.

L'ufage des houffes fera confervé; les chaperons feront fupprimés: il y fera fubftitué une fchabraque ou couverture de peau de mouton, qui aura assez d'étendue pour couvrir les pistolets; le dessous de la selle sera toujours garni d'une couverte de laine pliée en autant de doubles qu'il sera nécessaire pour suppléer aux panneaux qui seront minces; les brides, rênes, bridons, licols & autres équipages dépendans de la selle, seront de la même forme & proportions que ceux qui ont été précédemment réglés, & dont il est fait usage.

ARTICLE 10.

De l'Équipement des Officiers de la Cavalerie & des Dragons.

LES bottes, quant à la forme & au coup-d'œil d'uniformité, seront semblables à celles dont les Cavaliers ou Dragons devront faire usage.

Les sabres & ceinturons seront des proportions, forme & qualité prescrites par le Règlement du 25 avril 1767, jusqu'à ce que Sa Majesté ait jugé à propos de faire connoître des dispositions différentes à cet égard.

ARTICLE 11.

De l'Harnachement des chevaux des Officiers.

LES selles pour les Officiers, seront, comme celles des Cavaliers & Dragons, couvertes d'une schabraque de peau d'animal à poil ras, au moyen de laquelle les chaperons seront supprimés; le pourtour de la schabraque sera garni de bandes de drap coupées, des couleurs tranchantes des revers & du collet, & bordé de petits galons d'or ou d'argent uniformes à la couleur du bouton, des largeurs ci-après:

SAVOIR;

Pour les Mestres-de-camp, Lieutenans-colonels & Majors, d'un galon de quinze lignes de largeur.

Pour les Capitaines, d'un galon large de douze lignes.

Pour les premiers Lieutenans & Lieutenans en ſecond, d'un petit galon de dix lignes.

Et pour les Sous-lieutenans & les autres Officiers attachés à l'État-major, d'un petit bordé en galon de ſix lignes de largeur.

ARTICLE 12.

Diſpoſition générale ſur l'équipage des chevaux.

TOUTE eſpèce d'agrémens, franges ou ornemens de décoration quelconque ſur les ſchabraques & le ſurplus de l'équipage du cheval, ſera expreſſément défendu.

Tous les chevaux ſeront marqués ſur la feſſe d'une marque à feu, empreinte du numéro du bouton de chaque régiment, afin de pouvoir reconnoître les chevaux de chaque Corps.

ARTICLE 13.

De l'Armement des Cavaliers & des Dragons.

LES bas Officiers & Cavaliers ſeront armés de ſabres, mouſquetons & piſtolets.

Les bas Officiers & Cavaliers de chaque compagnie, porteront le plaſtron de cuiraſſe; & pour prévenir qu'il ne bleſſe, & que l'habillement ne ſoit endommagé par ſon frottement, chaque homme ſe fournira d'un plaſtron de deux toiles matelaſſé de bourre, piqué & conforme au ſurplus au modèle qui ſera envoyé.

Les bas Officiers & Dragons ſeront armés de ſabres, fuſils & baïonnettes : les Maréchaux-des-logis & Fourriers auront chacun deux piſtolets; le ſurplus de la compagnie n'aura, ainſi qu'il a été d'uſage, qu'un ſeul piſtolet; il portera en oppoſition, à l'arçon de ſa ſelle, un outil garni de ſon étui.

ARTICLE

ARTICLE 14.

De l'Armement des Officiers.

INDÉPENDAMMENT du ſabre uniforme dont chaque Officier de Cavalerie devra être pourvu, il ſera armé de deux piſtolets garnis de métal de la même couleur que ceux du Cavalier.

Chaque Officier de Dragons ſera également pourvu d'un ſabre uniforme, & armé de deux piſtolets & d'un fuſil; le tout garni de métal jaune.

Les Meſtres-de-camp, les Lieutenans-colonels & les Majors des régimens de Dragons, porteront l'épée à la main, ſoit à cheval, ſoit à pied.

Les Officiers de l'État-major, comme ceux des compagnies de Cavalerie & de Dragons, porteront le ceinturon ſur la veſte.

ARTICLE 15.

Des Étendards de Cavalerie, & des Guidons pour les Dragons.

LES Meſtres-de-camp, commandant les régimens auxquels le Roi fournit les étendards & les guidons, ſeront tenus de la dépenſe des lances, & de faire les frais de la monture, de la fourniture & de l'entretien des cravates de taffetas, & des étuis pour la conſervation deſdits ornemens; ils ſerviront au moins l'eſpace de dix-huit à vingt ans, au bout duquel temps le remplacement en ſera ordonné, après qu'ils auront été reconnus hors de ſervice.

Les figures allégoriques, emblèmes ou deviſes des étendards ou guidons des régimens portant le nom de Gentilshommes, ſeront réglées par Sa Majeſté, ſur le rapport qui lui en ſera fait par le Secrétaire d'État ayant le département de la guerre.

ARTICLE 16.

Des Faux-frais.

LES menues dépenſes du papier, encre, plumes, livrets de Fourriers, & autres objets relatifs à l'ordre de la comptabilité & de la correſpondance, ſeront réglées par le Conſeil du régiment, & l'approbation de l'Officier général commandant la diviſion.

ARTICLE 17.

De l'Uniforme affecté à la diſtinction particulière de chaque régiment de Cavalerie.

COLONEL-GÉNÉRAL.

HABIT-VESTE de drap bleu-de-roi naturel, collet droit élevé de douze à quinze lignes, paremens & revers de drap écarlate; la patte de la poche coupée en travers, liſérée de même drap, marquée de trois boutonnières ſans boutons; chaque côté de revers garni de ſept portes & agraffes placées à diſtance égale, quatre petits boutons au-deſſous du revers, deux aux épaulettes: l'ouverture de l'avant-bras & du parement fermée par deux petits boutons chacune.

Gilet & culotte de drap blanc.

Boutons jaunes.......................... N.° 1.er

La houſſe en drap bleu, bordée d'un galon de laine, à la livrée du Colonel-général.

MESTRE-DE-CAMP-GÉNÉRAL.

Habit-veſte de drap bleu-de-roi, collet droit, paremens & revers de drap cramoiſi; la patte de la poche, &c.

Gilet & culotte de drap blanc.

Boutons jaunes.......................... N.° 2.

La houſſe en drap bleu, bordée d'un galon de laine, à la livrée du Meſtre-de-camp-général.

COMMISSAIRE-GÉNÉRAL.

Habit-veſte de drap bleu-de-roi, collet droit, paremens & revers de drap couleur de roſe; la patte de la poche coupée en travers, liſérée de même drap, marquée de trois boutonnières ſans boutons; chaque côté de revers garni de ſept portes & agraffes placées à diſtance égale, quatre petits boutons au-deſſous du revers, deux aux épaulettes: l'ouverture de l'avant-bras & du parement fermée par deux petits boutons chacune.

Gilet & culotte de drap blanc.

Boutons jaunes........................ N.° 3.

La houſſe en drap bleu, bordée d'un galon de laine, à la livrée du Commiſſaire-général.

ROYAL.

Habit-veſte de drap bleu-de-roi, collet droit, paremens & revers de drap rouge piqueté de blanc; la patte de la poche, &c.

Gilet & culotte de drap blanc.

Boutons blancs........................ N.° 4.

La houſſe en drap bleu, bordée d'un galon de laine aurore à cinq bandes, dont trois à points de chaînettes, & deux à fond luiſant.

DU ROI.

Habit-veſte de drap bleu-de-roi, collet droit de drap blanc, paremens & revers de drap écarlate; la patte de la poche, &c.

Gilet & culotte de drap blanc.

Boutons blancs........................ N.° 5.

La houſſe en drap bleu, bordée d'un galon de livrée du Roi, en laine veloutée.

ROYAL-ÉTRANGER.

Habit-veſte de drap bleu-de-roi, collet droit, paremens & revers de drap blanc; la patte de la poche, &c.

Gilet & culotte de drap blanc.

Boutons blancs........................ N.° 6.

La houſſe en drap bleu, bordée d'un galon de fil blanc.

CUIRASSIERS.

Habit-veſte de drap bleu-de-roi, collet droit, paremens & revers de drap couleur jonquille; la patte de la poche coupée en travers, liſérée de même drap, marquée de trois boutonnières ſans boutons; chaque côté de revers garni de ſept portes & agraffes placées à diſtance égale, quatre petits boutons au-deſſous du revers, deux aux épaulettes: l'ouverture de l'avant-bras & du parement fermée par deux petits boutons chacune.

Gilet & culotte de drap blanc.

Boutons blancs........................ N.° 7.

La houſſe en drap bleu, bordée d'un galon à deux lézardes rouges, fond en laine blanche veloutée.

ROYAL-CRAVATES.

Habit-veſte de drap bleu-de-roi, collet droit, paremens & revers de drap gris-argentin; la patte de la poche, &c.

Gilet & culotte de drap blanc.

Boutons blancs........................ N.° 8.

La houſſe en drap bleu, bordée d'un galon moucheté de bleu, rouge & blanc, de laine veloutée fond aurore.

ROYAL-ROUSSILLON.

Habit-veſte de drap bleu-de-roi, collet droit de drap couleur de roſe, paremens & revers de drap jonquille; la patte de la poche, &c.

Gilet & culotte de drap blanc.

Boutons blancs........................ N.° 9.

La houſſe en drap bleu, bordée d'un galon à deux lézardes bleues, fond aurore, en laine veloutée.

ROYAL-PIÉMONT.

Habit-veſte de drap bleu-de-roi, collet droit de drap blanc, paremens & revers de drap jonquille; la patte de la poche, &c.

Gilet & culotte de drap blanc.

Boutons blancs........................ N.° 10.

La houſſe en drap bleu, bordée d'un galon de laine à trois rangs de carreaux, celui du milieu rouge & blanc, les deux autres blancs, fond aurore, en laine veloutée.

ROYAL-ALLEMAND.

ROYAL-ALLEMAND.

Habit-veste de drap bleu-de-roi, collet droit de drap blanc, paremens & revers de drap rouge piqueté de blanc; la patte de la poche coupée en travers, liférée de même drap, marquée de trois boutonnières sans boutons; chaque côté de revers garni de sept portes & agraffes placées à distance égale, quatre petits boutons au-dessous du revers, deux aux épaulettes: l'ouverture de l'avant-bras & du parement fermée par deux petits boutons chacune.

Gilet & culotte de drap blanc.

Boutons blancs........................ N.° 11.

La housse en drap bleu, bordée d'un galon fond blanc, avec une lésarde rouge au milieu, en laine veloutée.

ROYAL-POLOGNE.

Habit-veste de drap bleu-de-roi, collet droit de drap blanc, paremens & revers de drap gris-argentin; la patte de la poche, &c.

Gilet & culotte de drap blanc.

Boutons blancs........................ N.° 12.

La housse en drap bleu, bordée d'un galon à grain d'orge bleu, renfermant des carreaux blancs, fond aurore, en laine veloutée.

ROYAL-LORRAINE.

Habit-veste de drap bleu-de-roi, collet droit, paremens & revers de drap aurore; la patte de la poche, &c.

Gilet & culotte de drap blanc.

Boutons blancs........................ N.° 13.

La housse en drap bleu, bordée de galons à tablettes blanches & bleues, fond plein, en laine.

ROYAL-PICARDIE.

Habit-veste de drap bleu-de-roi, collet droit de drap écarlate, paremens & revers de drap gris-argentin; la patte de la poche, &c.

Gilet & culotte de drap blanc.

Boutons blancs........................ N.° 14.

La housse en drap bleu, bordée d'un galon de laine à chaînettes jaunes, sur un fond plein, en laine rouge.

ROYAL-CHAMPAGNE.

Habit-veste de drap bleu-de-roi, collet droit de drap jonquille, paremens & revers de drap aurore; la patte de la poche coupée en travers, liférée de même drap, marquée de trois boutonnières sans boutons; chaque côté de revers garni de sept portes & agraffes placées à distance égale, quatre petits boutons au-dessous du revers, deux aux épaulettes: l'ouverture de l'avant-bras & du parement fermée par deux petits boutons, chacune.

Gilet & culotte de drap blanc.

Boutons blancs..................... N.° 15.

La housse en drap bleu, bordée de galon à chaînettes noires, fond plein isabelle, en laine.

ROYAL-NAVARRE.

Habit-veste de drap bleu-de-roi, collet droit de drap écarlate, paremens & revers de drap blanc; la patte de la poche, &c.

Gilet & culotte de drap blanc.

Boutons blancs..................... N.° 16.

La housse en drap bleu, bordée d'un galon à chaînettes rouges, fond plein blanc, en laine.

ROYAL-NORMANDIE.

Habit-veste de drap bleu-de-roi, collet droit de drap blanc, paremens & revers de drap rose; la patte de la poche, &c.

Gilet & culotte de drap blanc.

Boutons blancs..................... N.° 17.

La housse en drap bleu, bordée d'un galon à tablettes rouges & blanches, fond plein, en laine.

LA REINE.

Habit-veste de drap bleu-de-roi, collet de drap jonquille, paremens & revers de drap écarlate; la patte de la poche, &c.

Gilet & culotte de drap blanc.

Boutons blancs..................... N.° 18.

La housse en drap bleu, bordée d'un galon à la livrée de la Reine, en laine veloutée.

DAUPHIN.

Habit-veste de drap bleu-de-roi, collet droit de drap jonquille, paremens & revers de drap rouge piqueté de blanc; la patte de la poche coupée en travers, lisérée de même drap, marquée de trois boutonnières sans boutons; chaque côté de revers garni de sept portes & agraffes, placées à distance égale, quatre petits boutons au-dessous du revers, deux aux épaulettes: l'ouverture de l'avant-bras & du parement fermée par deux petits boutons chacune.

Gilet & culotte de drap blanc.

Boutons blancs . . . . N.° 19.

La housse en drap bleu, bordée d'un galon moucheté de bleu, fond aurore, en laine veloutée.

BOURGOGNE.

Habit-veste de drap bleu-de-roi, collet de drap blanc, paremens & revers de drap cramoisi; la patte de la poche, &c.

Gilet & culotte de drap blanc.

Boutons blancs . . . . N.° 20.

La housse en drap bleu, bordée d'un galon liséré de cramoisi en mosaïque bleue, renfermant des grains d'orge cramoisi, sur un fond de laine blanche veloutée.

BERRI.

Habit-veste de drap bleu-de-roi, collet droit de drap jonquille, paremens & revers de drap blanc; la patte de la poche, &c.

Gilet & culotte de drap blanc.

Boutons blancs . . . . N.° 21.

La housse en drap bleu, bordée d'un galon en échelle bleu, rouge & blanc, fond aurore, en laine veloutée.

CARABINIERS.

Habit-veste de drap bleu-de-roi, collet droit de drap blanc, paremens & revers de drap aurore; la patte de la poche, &c.

Gilet & culotte de drap blanc.

Boutons blancs . . . . N.° 22.

La housse du cheval en drap bleu, bordée à la Bourgogne d'un galon de fil blanc.

ARTOIS.

Habit-veſte de drap bleu-de-roi, collet droit de drap jonquille, paremens & revers de drap cramoiſi; la patte de la poche coupée en travers, liſérée de même drap, marquée de trois boutonnières ſans boutons; chaque côté de revers garni de ſept portes & agraffes, placées à diſtance égale, quatre petits boutons au-deſſous du revers, deux aux épaulettes: l'ouverture de l'avant-bras & du parement fermée par deux petits boutons chacune.

Gilet & culotte de drap blanc.

Boutons blancs aux armes du Prince....... N.° 23.

La houſſe en drap bleu, bordée d'un galon à la livrée du Prince, en laine veloutée.

ORLÉANS.

Habit-veſte de drap bleu-de roi, collet droit de drap jonquille, paremens & revers de drap roſe; la patte de la poche, &c.

Gilet & culotte de drap blanc.

Boutons jaunes aux armes d'Orléans...... N.° 24.

La houſſe en drap bleu, bordée de galon à la livrée d'Orléans, rayé dans le milieu de deux raies blanches & bleues.

ARTICLE 18.

De l'Uniforme de chacun des régimens de Dragons.

COLONEL-GÉNÉRAL.

HABIT-VESTE de drap vert foncé, collet droit, paremens & revers de drap cramoiſi; la patte de la poche coupée en travers, liſérée de même drap, marquée de trois boutonnières ſans boutons; chaque côté de revers garni de ſept petits boutons placés à diſtance égale, quatre petits au-deſſous du revers, deux aux épaulettes: l'ouverture de l'avant-bras & du parement fermée par deux petits boutons chacune.

Gilet & culotte de drap blanc.

Boutons jaunes godronnés.............. N.° 1.er

La houſſe en drap vert, bordée d'un galon de laine à la livrée du Colonel-général.

MESTRE-DE-CAMP-GÉNÉRAL.

Habit-veſte de drap vert foncé, collet droit, paremens & revers de drap écarlate; la patte de la poche coupée en travers, liſérée de même drap, marquée de trois boutonnières ſans boutons; chaque côté de revers garni de ſept petits boutons placés à diſtance égale, quatre petits au-deſſous du revers, deux aux épaulettes: l'ouverture de l'avant-bras & du parement fermée par deux petits boutons chacune.

Gilet & culotte de drap blanc.

Boutons jaunes godronnés . . . . N.° 2.

La houſſe en drap vert, bordée d'un galon à la livrée du Meſtre-de-camp-général.

ROYAL.

Habit-veſte de drap vert foncé, collet droit de drap blanc, paremens & revers de drap écarlate; la patte de la poche, &c.

Gilet & culotte de drap blanc.

Boutons blancs godronnés . . . . N.° 3.

La houſſe en drap vert, bordée d'un galon à chaînettes bleues & rouges, fond blanc, en laine.

DU ROI.

Habit-veſte de drap vert foncé, collet droit, paremens & revers de drap couleur de roſe; la patte de la poche, &c.

Gilet & culotte de drap blanc.

Boutons blancs godronnés . . . . N.° 4.

La houſſe en drap vert, bordée d'un galon à chaînettes bleues, rouges & blanches, fond plein jaune, en laine.

LA REINE.

Habit-veſte de drap vert foncé, collet droit de drap blanc, paremens & revers de drap cramoiſi; la patte de la poche, &c.

Gilet & culotte de drap blanc.

Boutons blancs godronnés . . . . N.° 5.

La houſſe en drap vert, bordée d'un galon à la livrée de la Reine.

DAUPHIN.

Habit-veste de drap vert foncé, collet droit de drap jonquille, paremens & revers de drap cramoisi; la patte de la poche coupée en travers, lisérée de même drap, marquée de trois boutonnières sans boutons; chaque côté de revers garni de sept petits boutons placés à distance égale, quatre petits au-dessous du revers, deux aux épaulettes: l'ouverture de l'avant-bras & du parement fermée par deux petits boutons chacune.

Gilet & culotte de drap blanc.

Boutons blancs godronnés............... N.° 6.

La housse en drap vert, bordée d'un galon de fil blanc à grain d'orge.

MONSIEUR.

Habit-veste de drap vert foncé, collet droit de drap jonquille, paremens & revers de drap écarlate; la patte de la poche, &c.

Gilet & culotte de drap blanc.

Boutons blancs aux armes de *Monsieur*...... N.° 7.

La housse en drap vert, bordée d'un galon en laine, à la livrée du Prince.

ARTOIS.

Habit-veste de drap vert foncé, collet droit, paremens & revers de drap rouge piqueté de blanc; la patte de la poche, &c.

Gilet & culotte de drap blanc.

Boutons blancs aux armes du Prince......... N.° 8.

La housse en drap vert, bordée d'un galon, en laine veloutée, à la livrée du Prince.

ORLÉANS.

Habit-veste de drap vert foncé, collet droit de drap blanc, paremens & revers de drap couleur de rose; la patte de la poche, &c.

Gilet & culotte de drap blanc.

Boutons blancs aux armes d'Orléans........ N.° 9.

La housse en drap vert, bordée d'un galon à la livrée d'Orléans.

CHARTRES.

Habit-veſte de drap vert foncé, collet droit de drap blanc, paremens & revers de drap rouge piqueté de blanc; la patte de la poche coupée en travers, liſérée de même drap, marquée de trois boutonnières ſans boutons; chaque côté de revers garni de ſept petits boutons placés à diſtance égale, quatre petits au-deſſous du revers, deux aux épaulettes : l'ouverture de l'avant-bras & du parement fermée par deux petits boutons chacune.

Gilet & culotte de drap blanc.

Boutons blancs aux armes du Prince...... N.° 10.

La houſſe en drap vert, bordée d'un galon à la livrée du Prince, fond bleu, au milieu de deux raies de carreaux oblongs, rouges & blancs, en laine veloutée.

CONDÉ.

Habit-veſte de drap vert foncé, collet droit, paremens & revers de drap chamois-condé; la patte de la poche, &c.

Gilet & culotte de drap blanc.

Boutons blancs aux armes de Condé...... N.° 11.

La houſſe en drap vert, bordée d'un galon à la livrée du Prince, en laine veloutée unie, cramoiſi plein.

BOURBON.

Habit-veſte de drap vert foncé, collet droit de drap rouge, paremens & revers de drap chamois-condé; la patte de la poche, &c.

Gilet & culotte de drap blanc.

Boutons blancs aux armes de Bourbon.... N.° 12.

La houſſe en drap vert, bordée d'un galon en laine veloutée, avec raie ventre-de-biche au milieu de deux raies cramoiſies mouchetées de blanc, liſérées de couleur ventre-de-biche.

CONTI.

Habit-veſte de drap vert foncé, collet droit, paremens & revers de drap chamois-conti; la patte de la poche, &c.

Gilet & culotte de drap blanc.

Boutons blancs aux armes du Prince....... N.° 13.

La houſſe en drap vert, bordée d'un galon de fil tiſſu à chaînettes blanches mouchetées de rouge & bleu, avec une chaînette rouge renfermée dans des doubles chaînettes bleues.

LA MARCHE.

Habit-veste de drap vert foncé, collet droit de drap rose; paremens & revers de drap chamois-conti; la patte de la poche coupée en travers, liſérée de même drap, marquée de trois boutonnières ſans boutons; chaque côté de revers garni de ſept petits boutons placés à diſtance égale, quatre petits au-deſſous du revers, deux aux épaulettes : l'ouverture de l'avant-bras & du parement fermée par deux petits boutons chacune.

Gilet & culotte de drap blanc.

Boutons blancs aux armes de la Marche.... N.° 14.

La houſſe de drap vert, bordée d'un galon aux armes du Prince.

PENTHIÈVRE.

Habit-veſte de drap vert foncé, collet droit, paremens & revers de drap jonquille; la patte de la poche, &c.

Gilet & culotte de drap blanc.

Boutons blancs godronnés aux armes de Penthièvre........................ N.° 15.

La houſſe du cheval en drap vert, bordée d'un galon, en laine, à la livrée du Prince.

LORRAINE.

Habit-veſte de drap vert foncé, collet droit de drap jonquille, paremens & revers de drap rouge piqueté de blanc; la patte de la poche, &c.

Gilet & culotte de drap blanc.

Boutons blancs godronnés.............. N.° 16.

La houſſe en drap vert, bordée d'un galon à chaînettes, couleur iſabelle, en laine.

CUSTINE.

Habit-veſte de drap vert foncé, collet droit de drap écarlate, paremens & revers de drap jonquille; la patte de la poche, &c.

Gilet & culotte de drap blanc.

Boutons blancs godronnés.............. N.° 17.

La houſſe en drap vert, bordée d'un galon en laine fond blanc à deux lézardes cramoiſies, velouté.

LA ROCHEFOUCAULT.

LA ROCHEFOUCAULT.

Habit-veste de drap vert foncé, collet droit de drap jonquille, paremens & revers de drap rose; la patte de la poche coupée en travers, liſérée de même drap, marquée de trois boutonnières ſans boutons; chaque côté de revers garni de ſept petits boutons placés à diſtance égale, quatre petits au-deſſous du revers, deux aux épaulettes : l'ouverture de l'avant-bras & du parement, fermée par deux petits boutons chacune.

Gilet & culotte de drap blanc.

Boutons blancs godronnés.............. N.° 18.

La houſſe en drap vert, bordée d'un galon fond blanc avec une raie verte au milieu à chaînettes, en laine.

JARNAC.

Habit-veſte de drap vert foncé, collet droit, paremens & revers de drap blanc; la patte de la poche, &c.

Gilet & culotte de drap blanc.

Boutons blancs godronnés.............. N.° 19.

La houſſe du cheval en drap vert, bordée d'un galon fond blanc à doubles raies cramoiſies & chaînettes, en laine.

LANANS.

Habit-veſte de drap vert foncé, collet droit, paremens & revers de drap aurore; la patte de la poche, &c.

Gilet & culotte de drap blanc.

Boutons blancs godronnés.............. N.° 20.

La houſſe du cheval en drap vert, bordée d'un galon à tablettes bleues & aurores, fond plein, en laine.

BELSUNCE.

Habit-veſte de drap vert foncé, collet droit de drap écarlate, paremens & revers de drap blanc; la patte de la poche, &c.

Gilet & culotte de drap blanc.

Boutons blancs godronnés.............. N.° 21.

La houſſe en drap vert, bordée d'un galon à tablettes blanches & noires, fond plein, en laine.

LANGUEDOC.

Habit-vefte de drap vert foncé, collet droit de drap blanc, paremens & revers de drap aurore; la patte de la poche coupée en travers, liſérée de même drap, marquée de trois boutonnières ſans boutons; chaque côté de revers garni de ſept petits boutons placés à diſtance égale, quatre petits au-deſſous du revers, deux aux épaulettes: l'ouverture de l'avant-bras & du parement fermée par deux petits boutons chacune.

Gilet & culotte de drap blanc.

Boutons blancs godronnés.............. N.° 22.

La houſſe du cheval en drap vert, bordée d'un galon à tablettes bleues & blanches, fond plein, en laine.

NOAILLES.

Habit-veſte de drap vert foncé, collet droit de drap roſe, paremens & revers de drap blanc; la patte de la poche, &c.

Gilet & culotte de drap blanc.

Boutons blancs godronnés.............. N.° 23.

La houſſe du cheval en drap vert foncé, bordée de galon à tablettes violettes & jaunes, en laine, fond uni.

SCHOMBERG.

Habit-veſte de drap vert foncé, collet droit de drap jonquille, paremens & revers de drap aurore; la patte de la poche, &c.:

Gilet & culotte de drap blanc.

Boutons blancs godronnés.............. N.° 24.

La houſſe en drap vert, bordée d'un galon fond aurore à doubles lézardes noires, en laine veloutée.

Les compagnies qui compoſent l'eſcadron des Chaſſeurs à cheval, incorporé dans chacun des régimens de Dragons, porteront l'uniforme réglé pour le corps auquel elles ſeront attachées; les hommes dont elles ſeront compoſées, porteront ſeulement pour diſtinction, à leur chapeau, le panache de plumes mêlées vertes & blanches.

CHAPITRE III.

DES HUSSARDS.

ARTICLE PREMIER.

De l'Habillement.

LES hommes qui compofent les régimens de Huffards, porteront l'habillement uniforme coupé à la Hongroife, en draps des couleurs qui feront affectées à chaque Corps.

L'habillement fera compofé d'une peliffe de drap, doublée d'une peau de mouton blanc, bordée de mouton noir, d'un dolman de drap de couleur pareille à la peliffe, & d'une culotte de drap dans la couleur qui fera déterminée; elle fera doublée d'une forte toile écrue.

Les galons & agrémens de toute efpèce, feront fupprimés de l'habillement des Huffards; il n'y fera confervé que les ganfes néceffaires pour les boutonnières, lefquelles feront en laine de la même couleur que le fond de l'habillement, avec trois rangs de boutons de métal.

L'écharpe fera compofée de laine jaune cordonnée, elle fera longue de huit pieds; les boutons dont elle fera garnie, feront de la couleur des ganfes des peliffes & dolmans.

Le fabretache fera de cuir noirci comme la patelette de la giberne; il fera orné au milieu du chiffre du Roi, en métal de cuivre jaune.

Les manteaux feront de drap vert teint en pièce, fabriqué & apprêté à deux envers, & de la forme réglée dont il eft préfentement fait ufage.

Indépendamment des parties d'habillement ci-deffus, chaque bas Officier & Huffard fera pourvu d'un palteau en gilet long, & d'une longue culotte de treillis écru, dont il ſera vêtu lors du panſement de ſon cheval; les ſurtouts & gilets de tricot ſeront à ce moyen ſupprimés lorſqu'ils ſeront hors de ſervice.

Les bottes ſeront à la Hongroiſe, de cuir noir & ciré.

ARTICLE 2.

De la Coiffure.

LES cheveux des Huſſards ſeront retrouſſés en queue raccourcie à la longueur de deux ou trois pouces; les cheveux des faces ſeront noués à la Hongroiſe.

Les bonnets & ſchakos ſeront de feutre noir, façonnés à la Hongroiſe, bordés d'un galon de laine noire large de neuf lignes.

Les cocardes ou aigrettes ſeront blanches; elles ſeront fournies & entretenues par les Huſſards.

ARTICLE 3.

Des Marques diſtinctives du grade dans les compagnies de Huſſards.

LES Maréchaux-des-logis & Fourriers porteront la bordure de leur peliſſe en peau de dos de renard.

Le premier Maréchal-des-logis portera un double chevron de galon d'argent fin large de dix lignes, couſu ſur le dehors du bras à quatre lignes de diſtance l'un de l'autre.

Le ſecond Maréchal-des-logis ne portera qu'un ſeul chevron de galon d'argent, couſu ſur le dehors du bras.

Les Fourriers-écrivains porteront une bande de galon d'argent large de dix lignes, couſue en travers ſur le dehors de la manche au-deſſus du pli du bras.

Les Brigadiers porteront au-deſſus du parement une double bande de galon de fil blanc, placées à ſix lignes l'une de l'autre.

Les

Les Cadets-gentilshommes porteront pour marque diſtinctive, l'épaulette de galon d'or ou d'argent qui leur a été réglée.

Les Fraters porteront ſur chaque parement une boutonnière en patte-d'oie, de petit galon large de trois lignes, de fil ou de laine blanc ou jaune, ſuivant la couleur du bouton.

ARTICLE 4.

De l'Habillement des Trompettes.

LES Trompettes des régimens de Berchény, Chamborant, Conflans & Eſterhazy, porteront la caſaque à la livrée des Colonels-commandans; ils ſeront coiffés avec des chapeaux uniformes, tels qu'ils ont été réglés pour la Cavalerie.

ARTICLE 5.

De l'Habillement des Officiers.

L'HABILLEMENT des Officiers ſera uniforme à celui des Huſſards, & ne différera que par la qualité des draps qui ſeront d'Elbeuf ou des Manufactures de même eſpèce; des boutons qui ſeront argentés ou dorés; des cordonnets ſervant à boutonner l'habillement; des écharpes, qui au lieu d'être de laine ſeront de poil-de-chèvre, des couleurs réglées pour les Huſſards, par l'article premier du préſent Règlement; & par la bordure des peliſſes qui ſera de gorge de renard.

Le ſabretache pour les Officiers, ſera de maroquin noirci, orné dans le milieu du chiffre du Roi, en métal doré.

Le bonnet & ſchakos ne ſera orné d'aucuns galons, franges, cordons & glands d'or ni d'argent.

Les bottes ſeront de cuir-maroquin noirci pour la plus grande parure, & de veau de même couleur à la guerre, celles de peau de toute autre couleur demeurant expreſſément défendues.

L'uſage des ſurtouts précédemment autoriſés, demeurera ſupprimé.

ARTICLE 6.

Des Marques diſtinctives des grades d'Officiers de Huſſards.

LES différens grades des Officiers dans les régimens de Huſſards, étant les mêmes que dans les régimens de Cavalerie & Dragons, chacun de ceux qui en ſera pourvu, portera les épaulettes diſtinctives du grade dont il remplira les fonctions dans le régiment, ainſi qu'il a été réglé par l'*article 7 du chapitre II* du préſent règlement; défendant Sa Majeſté qu'il y ſoit contrevenu ou apporté aucun changement.

ARTICLE 7.

Diſpoſitions générales ſur l'Uniforme.

LES Officiers ne pourront, ſous aucun prétexte, porter d'étoffes, cordonnets ou parures de ſoie dans les effets uniformes; ils ne porteront également aucuns galons ou agrémens d'or ou d'argent, qu'autant qu'ils ſeront permis & autoriſés par les diſpoſitions du préſent Règlement. Les redingotes ou manteaux ſeront des mêmes couleurs & formes réglées pour les Huſſards. Tous les Officiers, de quelque grade qu'ils ſoient, ſeront tenus de porter en toute occaſion, au régiment, leur habillement uniforme, pendant qu'ils exiſteront au ſervice.

L'uſage des manchettes de dentelles ſera & demeurera défendu.

Aucun Officier, de quelque grade qu'il ſoit, ne permettra aucun changement, variation ou agrément quelconque dans les uniformes, & ne s'écartera des nuances de couleurs qui ſeront ci-après réglées pour chaque régiment, ſous peine de déſobéiſſance.

ARTICLE 8.

De l'Équipement des Huſſards.

LES cols ſeront d'étoffe noire pour tous les régimens de Huſſards.

Les manches de chemiſe ſans manchettes, & les gants ſeront exécutés ainſi qu'il a été ordonné pour les Cavaliers & Dragons.

Les bottes ſeront de cuir de veau fort ou de petite vache noircie & cirée en ſuif, façonnées à la Hongroiſe; le talon ſera garni d'un petit fer pour en prolonger la durée.

Le reſſemelage & le remontage des bottes ſeront & demeureront à la charge des Huſſards.

Le ſabre ſera à la Hongroiſe, à monture de cuivre, garni de ſon fourreau, tel qu'il a été précédemment réglé, & ſuivant le modèle que Sa Majeſté en aura arrêté.

Le cordon de ſabre ſera de cuir noirci.

Les ceinturons, bandoulières & courroies, porte-cartouches, ſeront de buffle blanc, des largeurs, formes & proportions précédemment déterminées.

Les cartouches, les porte-manteaux & les effets dont chaque Huſſard doit être pourvu, ſeront les mêmes qui ont été réglés par les précédens Règlemens.

ARTICLE 9.

De l'Harnachement des chevaux de Huſſards.

LES ſelles à la Hongroiſe, & les équipages qui en dépendent, ſeront conſervés dans la même forme dont il eſt fait uſage; ils ſeront de matière ſolide, utilement & uniment façonnés, ſans franges ou ornemens d'aucune eſpèce: la bordure de drap ou d'autre étoffe de laine, de couleur tranchante, qui étoit précédemment employée à la bordure de la ſchabraque, ſera également ſupprimée.

ARTICLE 10.

De l'Équipement des Officiers.

Le ſabre pour les Officiers, ſera à la Hongroiſe, à garde de cuivre ou métal jaune doré, avec ſimple branche en croix; la poignée ſera recouverte de cuir crénelé, garnie de cordons de laiton doré; la lame ſera courbe à la Hongroiſe.

Le cordon de ſabre ſera de filés d'or & de ſoie, mêlés à un ſeul gland, ainſi qu'il a été réglé pour l'arme de l'Infanterie.

Le ceinturon ſera de maroquin noir à la Hongroiſe, ſans aucuns ornemens de broderie.

Le ſabretache ſera façonné comme celui du Huſſard, ſans aucuns galons ou franges d'argent, il ſera ſeulement orné du chiffre du Roi, en métal de cuivre doré.

ARTICLE 11.

De l'Harnachement des chevaux d'Officiers.

LE corps de la ſelle pour les chevaux, les équipages qui en dépendent, feront pour les Officiers de même forme que celle qui a été réglée pour les chevaux de Huſſards.

Les ſchabraque & équipage du cheval, feront de peaux de loup, garni au pourtour d'une bordure de drap feſtonnée, de la couleur diſtinctive de l'uniforme de chaque régiment, & bordés de petits galons d'or ou d'argent uniformes, à la couleur du bouton des largeurs ci-après:

SAVOIR;

Pour les Meſtres-de-camp, Lieutenans-colonels & Majors, d'un galon de quinze lignes de largeur.

Pour les Capitaines, d'un galon large de douze lignes.

Pour les premiers Lieutenans & Lieutenans en ſecond, d'un petit galon de dix lignes.

Et

Et pour les Sous-lieutenans & les autres Officiers attachés à l'État-major, d'un petit bordé en galon de ſix lignes.

Les têtières de brides, poitrails & croupières, ne ſeront garnis d'aucunes franges, cuirs découpés, clous ou fleurons d'aucune eſpèce de métal; les cuirs ſeront ſimples & ſans aucuns ornemens.

ARTICLE 12.

De l'Armement des Huſſards.

LES Maréchaux-des-logis & Fourriers, ſeront armés de deux piſtolets & d'un ſabre, le ſurplus de la compagnie aura en outre un mouſqueton.

ARTICLE 13.

De l'Armement des Officiers.

INDÉPENDAMMENT du ſabre uniforme dont chaque Officier devra être équipé, il ſera, ainſi qu'il a été d'uſage, armé de deux piſtolets.

ARTICLE 14.

Des Faux-frais dans les Régimens.

LA dépenſe ſous le titre de faux-frais, pour papier, encre, plumes, livrets de Fourriers, &c. ſera réglée par le Conſeil du régiment, ſous l'autorité de l'Officier général commandant la diviſion.

ARTICLE 15.

Des Étendards des régimens de Huſſards.

LES Meſtres-de-camp commandant les régiment, feront fournir à leur frais, les deux étendards dont chaque corps doit être pourvu; ils ſe conformeront pour l'exécution des figures allégoriques, emblèmes ou deviſes, qui devront être exécutés sur lesdits étendards, aux dessins qui seront réglés par Sa Majesté, sur le rapport qui lui en sera fait par le Secrétaire d'État ayant le département de la guerre; la dépense des lances, frais de monture, fourniture & entretien des cravates de taffetas & des fourreaux pour la conservation desdits ornemens, seront également aux frais des Mestres-de-camp commandans.

ARTICLE 16.

De l'Uniforme affecté à la distinction particulière de chaque régiment de Hussards.

BERCHÉNY.

PELISSE & veste de drap bleu-céleste foncé, les paremens retroussis en drap rouge-garance; la culotte de drap bleu-céleste foncé.

Boutons blancs.

Le schakos ou la queue de feutre noir, doublé d'étoffe de laine rouge, & bordé d'un galon de laine noire.

CHAMBORANT.

Pelisse & veste de drap brun-marron, les paremens retroussis en drap rouge-garance; la culotte de drap brun-marron.

Boutons blancs.

Le schakos ou la queue du bonnet de feutre noir, doublé d'étoffe de laine rouge, & bordé d'un galon de laine noire.

CONFLANS.

Pelisse & veste de drap vert, paremens retroussis de drap rouge-garance; la culotte de même drap.

Boutons jaunes.

Le schakos de feutre noir, doublé d'étoffe de laine verte, & bordé d'un galon de laine noire.

ESTHERASY.

Pelisse & veste de drap gris-de-fer argentin, paremens retroussis de drap rouge-garance; la culotte de drap gris-argentin.

Boutons blancs.

Le schakos de feutre noir, doublé d'étoffe de laine rouge, & bordé d'un galon de laine noire.

NTERIE & AGONS.

DÉTAIL des quantités de chaque espèce de fournitures qui nécessaires à la confection de chacune des parties d'habille ci-après, suivant les opérations éprouvées.

EDINGOTE pour tous les Grades L'INFANTERIE.

PANNE.

1/16 de 4/4

1/15 1/24 pour paremens.

1/40 1/14 pour collet.

.... Cadis blanc de 5/12 pour parementer le devant

1/4..... Toile écrue de 7/8 pour poches & droit-fils.

8...... gros boutons uniformes.

2..... petits *idem.*

Des Distinctions.

Galon de 10 lignes pour le Sergent-major.

Galon *idem* pour Fourrier-écrivain.

Galon *idem* pour Sergent ordinaire.

Galon de [fil ou laine] pour chaque Caporal.

petit Galon [fil ou laine] large de 3 lignes pour chaque Frater.

HABIT-VESTE pour tous les Grades DE L'INFANTERIE ET DRAGONS.

DRAP.		PANNE.	
1 aune	3/16.....		pour habit-veste.
"	1/12	5/24	pour revers.
"	1/15	1/5	pour paremens.
"	1/84	1/28	pour collet.
2	1/4.....		Cadis blanc 5/12 pour doublure.
"	1/2.....		*idem*, couleur tranchante pour les basques & les retroussis.
"	3/8.....		Toile écrue de 7/8 pour poches & droit-fils.
"	28.....		petit boutons uniformes.

GALONS DE LIVRÉES *pour les Tambours ou Instrumens.*

aune

10 1/2 moyen de 9 lignes pour l'habit-veste du Tambour ordinaire.

4 7/16 *idem* pour la redingote.

12 1/12 *idem* pour le Tambour-major.

4 7/16 *idem* pour sa redingote.

1 1/10 Galon fin large de 10 lignes pour les paremens du Tambour-major.

POUR LE SACHET *à fermer la Redingote.*

" 1/3 Toile de 7/8.

GILET pour TOUS LES GRADE

Pour l'Infanterie.

aune

" 5/8 Toile blanche 7/8.

Pour les Dragons.

" 7/12 Drap blanc.

" 1/16 Toile écrue.

CEINTURE *d'un sixième de hauteur.*

" 1/4 Tricot blanc large de 7/12.

" 1/2 Cadis blanc de 5/12.

MANTEAU *pour les Dragons.*

4.. Drap blanc 4/4 piqué de bl

" 1/4 Toile écrue 7/8.

1.. Serge de 5/8 pour le paremer

1.. Galon en laine du de des housses pour 6 bra bourgs.

CULOTTE POUR TOUS LES GRA

Pour l'Infanterie.

1 1/12 Tricot 7/12.

Pour les Dragons.

" 3/4 Drap.

" 7/8 Toile écrue pour doublure

PRIX DES FAÇONS

Redingote............	1l
Habit-veste...........	1. 1
Gilet de Toile..........	"
Gilet de Drap..........	"
Ceinture..............	"
Culotte...............	"
Sachet de Redingote......	"

ota. Il sera réglé pour chaque Soldat du Corps-royal d'Artillerie 1 aune 15/16 pour la Reding ne 5/16 pour l'Habit-veste, 2 aunes 2/3 Cadis blanc pour doublure; & au surplus les mêmes quan pour l'Infanterie.

a hauteur des basques du devant depuis le dernier bouton du dessous des revers jusqu'aux poir pour toutes les tailles de 9 pouces.

ota. Ces différentes quantités ont été réglées sur les modèles qui habilleront un homme de 5 p ouces 6 lignes, & d'une épaisseur proportionnée.

DÉTAIL des quantités de chaque espèce de fournitures q… nécessaires à la confection de chacune des parties d'habil… ci-après, suivant les opérations éprouvées.

E L'HABIT-VESTE pour tous les Grades DE LA CAVALERIE.

AP.	PANNE.	
…ne $\frac{1}{3}$	……	pour habit-veste.
$\frac{1}{12}$	$\frac{5}{24}$	pour revers.
$\frac{1}{15}$	$\frac{1}{5}$	pour paremens.
$\frac{1}{84}$	$\frac{1}{28}$	pour collet.

$\frac{2}{3}$ Cadis blanc de $\frac{5}{12}$ pour doublure.

$\frac{1}{2}$ *idem* de couleur tranchante pour la basque & les retroussés.

$\frac{1}{4}$ Toile écrue de $\frac{7}{8}$ pour poches & droit-fils.

28 petits boutons uniformes.

DU GILET DE DRAP pour TOUS DES GRADES.

aune

″ $\frac{7}{12}$ Drap blanc sans mouches.

″ $\frac{1}{16}$ Toile écrue de $\frac{7}{8}$.

DU MANTEAU.

4.. Drap de $\frac{4}{4}$ piqué de bleu.

″ $\frac{1}{4}$ Toile écrue de $\frac{7}{8}$.

1.. Serge de $\frac{1}{8}$ pour le parementer.

1.. Galon en laine du dessin des housses pour 6 brandebourgs.

DE LA CULOTTE DE D… pour TOUS LES GRADE…

aune

$\frac{2}{3}$ Drap large de $\frac{4}{4}$.

$\frac{7}{8}$ Toile écrue de $\frac{7}{8}$ pour doub…

DE LA CEINTU… *de $\frac{1}{6}$ de hauteur.*

$\frac{1}{3}$ Tricot blanc large $\frac{7}{12}$.

$\frac{2}{3}$ Cadis blanc de $\frac{5}{12}$.

DE LA HOUSSE.

$\frac{1}{2}$ Drap de $\frac{4}{4}$.

$\frac{5}{8}$ Toile de $\frac{7}{8}$.

DU SURTOUT D'ÉCURIE, … CULOTTE À LA MATELOTTE.

…nes $\frac{1}{2}$ Treillis écru de $\frac{3}{4}$ pour surtout.

$\frac{1}{4}$ *idem* pour culotte.

DU PORTE-MANTEAU.

1 aune Tricot de $\frac{3}{4}$.

1 Treillis de $\frac{3}{4}$, pour doublure.

DES DISTINCTIONS AUX HABITS

…S MARÉCHAUX-DES-LOGIS ou FOURRIERS.

…une $\frac{1}{10}$ Galon de 10 lignes pour double bordé au parement du Maréchal-des-logis en chef.

$\frac{11}{12}$ Galon *idem* pour le simple bordé des seconds Maréchaux-des-logis.

$\frac{1}{2}$ Galon *idem* pour deux bandes sur chaque bras du Fourrier-écrivain.

DES TROMPETTES.

12 aunes $\frac{1}{12}$ Galon livrée de 9 lignes pour chaque Trompette.

DES BRIGADIERS FRATER ET MARÉCHAL-FERRA…

1 aune $\frac{1}{10}$ Galon [laine] large de … lignes pour le double b… du Brigadier.

″ $\frac{3}{4}$ petit Galon [laine] large … lignes pour le *Frater*

″ $\frac{1}{2}$ Galon de fil blanc de … lignes pour le Maréc… ferrant.

PRIX DES FAÇONS.

	l	s
Habit-veste	1	14.
Gilet de Drap	″	8.
Ceinture	″	3.
Culotte	″	8.
Manteau	″	18.
Porte-manteau avec besace	1.	10.
Housse	″	12.
Surtout d'écurie & culotte à la matelotte	″	12.

DÉTAIL des quantités de chaque espèce de fournitures qui sont nécessaires à la confection de chacune des parties d'habillement ci-après, suivant les opérations éprouvées.

PELISSE.

- 1 aune Drap de $\frac{4}{4}$ pour pelisse.
- " $\frac{1}{4}$ Toile de $\frac{7}{8}$ pour poches & droit-fils.
- 10 grosses ganses carrées en laine pour trente-six boutonnières.
- 1 cordon fort avec olive.
- 18 gros boutons ronds.
- 36 petits boutons demi-ronds.
- 1 fourrure de mouton blanc bordée de mouton noir.

VESTE ou DOLMANN.

- " $\frac{7}{8}$ Drap de $\frac{4}{4}$.
- " $\frac{1}{40}$ Drap rouge garance pour parem.s retroussis.
- " $\frac{1}{4}$ Toile de $\frac{7}{8}$ pour doublure.
- 9 $\frac{1}{4}$ grosse ganse en laine pour boutonnières.
- 1 $\frac{1}{8}$ peau rouge de 6 pouces de hauteur pour border la veste au pourtour.
- 18 moyens boutons ronds.
- 36 petits demi-ronds.
- 1 écharpe de laine jaune cordonnée, de la longueur de 8 pieds avec boutons de la couleur des ganses des pelisses.

CULOTTE.

- " $\frac{3}{4}$ Drap de $\frac{4}{4}$.
- " $\frac{7}{8}$ Toile de $\frac{7}{8}$ pour doublures.

1 chapeau avec panache.

DISTINCTIONS AUX HABITS.

Maréchaux-des-Logis & Fourriers.

Bordure des Pelisses en dos de Renard noir.

Premier Maréchal-des-logis.

$\frac{4}{5}$ galon de 10 lignes pour deux chevrons.

Second Maréchal-des-logis.

" $\frac{2}{5}$ galon de 10 lignes pour un chevron.

Fourrier-Écrivain.

" $\frac{1}{2}$ galon de 10 lignes.

Brigadier.

" $\frac{4}{5}$ galon de fil blanc de 10 lignes.

Frater.

" $\frac{3}{4}$ petit galon de 3 lignes pour boutonnières.

Maréchal-ferrant.

" $\frac{1}{2}$ galon de fil blanc de 10 lignes.

MANTEAU.

- 2 aune $\frac{3}{4}$ Drap vert de $\frac{4}{4}$ pour manteau & capuchon.

PORTE-MANTEAU.

- " $\frac{3}{4}$ Tricot de $\frac{7}{12}$.
- " $\frac{7}{12}$ Treillis pour doublure.
- 1 $\frac{5}{6}$ petit galon de 9 lignes.

SURTOUT D'ÉCURIE.

- 2 $\frac{1}{2}$ Treillis écru large de $\frac{3}{4}$.

CULOTTE À LA MATELOTTE.

- 1 $\frac{1}{4}$ Treillis écru large de $\frac{3}{4}$.

CASAQUE DE TROMPETTE.

- 1 $\frac{7}{8}$ Drap de $\frac{4}{4}$.
- " $\frac{1}{14}$ Drap pour paremens.
- 4... Cadis pour doublure.
- " $\frac{1}{3}$ Toile de $\frac{7}{8}$ pour poches & droit-fils.
- " 22 gros boutons plats.
- 6 $\frac{1}{2}$ galon fil & laine à la livrée, de 18 lignes.
- 10 $\frac{1}{8}$ moyen *idem* de 9 lignes pour bordé.

VESTE.

- " $\frac{11}{12}$ Drap de $\frac{4}{4}$.
- " $\frac{11}{12}$ Toile de $\frac{7}{8}$ pour doublure & droit-fils.
- " 12 petits boutons plats & unis.

PRIX DES FAÇONS.

	l	s
Pelisse	2	15
Veste ou dolmann	1.	16.
Culotte	"	15.
Manteau	"	15.
Porte-manteau	"	8.
Surtout d'écurie & culotte à la matelotte	"	12.
Habit de Trompette	2.	10.
Veste de Trompette	"	16.

INSTRUCTION pour les différens chefs Tailleurs des régimen des Troupes du Roi.

ON fera prendre la mesure de chaque homme, pour que toutes les parti de son habillement soient faites à sa taille.

On coupera le derrière de la redingote, à poil, sans couture; les devai seront pris au-dessus du derrière, à côté des lisières, à poil.

Les manches se trouveront du côté du derrière.

Les doublures de revers, pattes de l'habit-veste, le collet, paremental des pattes, les pattelettes de la redingote qui servent à boutonner les deva dans les temps de pluie ou de froid, se trouveront à côté de la tail des devans de ladite redingote.

On coupera les devans de l'habit-veste du côté des lisières, à poil.

Les derrières à côté des devans, à contre-poil.

Le collet & les pointes des basques du devant de l'habit-veste, trouveront dans les débris.

On coupera toujours trois habit-vestes de suite, sans manches, que l'c trouvera dans deux hauteurs, & trois doubles dans la largeur du dr de $\frac{4}{4}$ de large.

OBSERVATIONS.

La ceinture de tricot blanc, sera d'un sixième de hauteur, doublée de cadi les boutons seront en moule de bois couvert de tricot.

Les gilets de toile ou de drap, sans manches, seront justes au corps, & to beront à la hauteur de la ceinture de la culotte; il sera ajouté une petite pattelett ouverte d'une boutonnière, à l'effet d'être boutonnée au premier bouton de ceinture de la culotte.

La doublure de la culotte sera jointe au-dessus, & le caleçon n'en sera plus détaché.

Les guêtres d'hiver seront de tricot noir, elles seront parementées de to sous les boutonnières & les boutons, dont le nombre sera de huit.

Les boutons seront en moule de bois couvert de tricot noir; les guêtres r monteront qu'à la pointe du genou, & seront portées par-dessus des guêtr de toile blanche.

L'habit-veste se boutonnera aisément du haut en bas; la taille en sera ten basse pour couvrir toujours la ceinture de la culotte.

Les manches en seront aisées à pouvoir passer les bras sans déboutonner l boutons de l'avant-bras & du parement.

	Petits boutons.
Il y aura sur chaque côté de revers, sept petits boutons, faisant pour les deux	14.
Le dessous du revers sera garni de quatre boutons	4.
L'avant-bras & le parement le seront de deux chacun	4.
Il y en aura un à chaque épaulette de l'habit-veste	2.
Total pour chaque habit-veste	24.

La redingote à la Polonoise, étant sur chaque homme par-dessus toutes les autres parties de l'habillement prescrit, sera large & flottante de toutes parts lorsqu'elle sera boutonnée au premier rang de boutons; lorsqu'elle le sera au second rang, elle sera juste au corps, comme un habit aisé, & tenue assez longue pour qu'elle rase la terre dans toute sa proportion, lorsque le Soldat sera à genoux.

Les devans de ladite redingote seront parementés d'une aune de cadis, coupée par la moitié de sa largeur; un quart de toile de $\frac{7}{8}$, fera la poche & les droit-fils; la hauteur du collet de la redingote, aura sur le derrière trois pouces six lignes de hauteur apparente, & quinze lignes sur le devant.

	Boutons.	
	Gros.	Petits.
La redingote sera sur le devant garnie de douze gros boutons, sur deux rangs de six chacun, ci	12.	//
De trois pareils sur chaque patte de côté	6.	//
Et de deux petits boutons aux épaulettes	//	2.
Total sur chaque redingote	18.	2.

Les manches de la redingote doivent être extrêmement larges & aisées; elles auront assez de longueur pour être retroussées, former un petit parement, sans faire apercevoir celui de l'habit-veste.

Ces manches seront doublées de toile écrue calendrée, & parementées du reste de la coupe du drap de la couleur tranchante des revers & paremens de l'habit-veste.

Il sera employé une demi-aune de toile écrue pour le sachet de la redingote, laquelle sera pliée par moitié de son ampleur, repliée ensuite en trois dans sa partie inférieure; chacune des extrémités sera pliée pour se rassembler au milieu de sa longueur, & le tout fermé en livre pour entrer & être serré dans le sachet.

CHAPITRE IV.

De l'Uniforme des Officiers généraux, des Commissaires des guerres, des Officiers de l'État-major des armées, & des Aides-de-camp ; des Ingénieurs - géographes ; des Officiers réformés des différens Corps de troupes ; & des Médecins & Chirurgiens militaires.

LES différentes parties de l'habillement uniforme & de l'équipage du cheval, réglées par les dispositions du Règlement du 2 septembre 1775, pour les Officiers & Employés dénommés au titre du présent Chapitre, seront exécutées dans les mêmes forme, proportions & dessins qui ont été prescrits.

CHAPITRE V.

De l'Uniforme des Officiers-majors des Places.

LES dispositions concernant l'uniforme des Officiers-majors des Places, prescrites par le règlement du 2 septembre 1775, seront exécutées selon leur forme & teneur; à l'exception des épaulettes qui, étant la distinction du grade militaire, ne pourront devenir le caractère distinctif de l'emploi, plus ou moins supérieur, dont chaque Officier se trouvera pourvu. Sa Majesté voulant expliquer ses intentions à cet égard, Elle a réglé & arrêté ce qui suit :

SAVOIR ;

Les Gouverneurs, Commandans, Lieutenans-de-roi, Majors, Aides-major, Sous-aides-major ou Capitaines des Portes, porteront

porteront l'uniforme diſtinctif qui a été affecté aux emplois dont ils ſont pourvus dans les Places; ledit uniforme ſera croiſé par-derrière. Ils porteront les épaulettes diſtinctives du grade militaire plus ou moins élevé, dont ils auroient obtenu les Lettres ou commiſſions, dans les mêmes formes & diſtinctions réglées pour les Officiers ſervant en activité dans les Corps.

Les Officiers pourvus des emplois de Lieutenans-de-roi, de Majors ou autres dans les Places, qui auroient obtenu des commiſſions pour commander, ne porteront que l'uniforme diſtinctif de l'emploi dont le brevet leur aura été expédié.

Ceux qui n'ayant été pourvus d'aucuns brevets de Lieutenans-de-roi, Major ou autre qualification, ſeront Employés-commandans, porteront l'habillement uniforme réglé pour le Lieutenant-de-roi, à moins qu'ils ne fuſſent Officiers généraux, auquel cas ils porteroient l'uniforme & la diſtinction de leur grade militaire.

CHAPITRE VI.

De l'Uniforme du Corps du Génie.

L'HABIT uniforme du Corps du Génie, ſera de drap bleu-de-roi, avec revers, collet droit & paremens de velours noir; il ſera doublé d'étoffe de laine rouge; la veſte de drap écarlate doublée de ſerge blanche, la culotte de même drap, les revers, paremens & collet de l'habit, ſeront liſérés de rouge, le collet ſera droit, de douze à quinze lignes de hauteur, le revers aura ſeize à dix-huit pouces de longueur, proportionnément à la taille plus ou moins élevée de l'Officier, trois pouces dans la plus grande largeur, deux pouces ſix lignes au milieu, & deux pouces quatre lignes dans le bas qui ſera coupé carrément; il ſera garni de ſept petits boutons placés à diſtance égale; le parement qui aura trois pouces ſix lignes de hauteur, ſera coupé dans ſa largeur, il ſera ajouté une petite patte pour être fermée avec trois boutons; la patte de la poche coupée en travers, ſera garnie de trois boutons, il y en aura un ſur chaque hanche, &

un dans les plis; le derrière de l'habit sera croisé, l'extrémité de chaque basque sera garnie d'une fleur-de-lys, brodée en filés d'or avec agraffes, pour servir à retrousser l'habit lorsque le service l'exigera.

Le chapeau uniforme sera bordé d'un galon d'or, sans lames ni clinquans, large de seize lignes, les deux extrémités & le milieu seront d'un dessin à jonc, vulgairement appelé *mousquetaire;* les deux parties intermédiaires larges de trois lignes chacune, seront du dessin appelé *grain d'orge.*

Les Officiers du Génie porteront les épaulettes distinctives du grade militaire dont ils auront obtenu les lettres ou commissions.

Ils ne pourront porter de manchettes de dentelles, les épées seront uniformes à celles qui ont été réglées pour les Officiers de l'Infanterie.

La Redingote avec le collet droit, de quinze lignes de hauteur, sera de couleur bleu-de-roi, la rotonde aura quatre pouces de hauteur dans son pourtour; les paremens seront ouverts en velours noir, fermés en dessous par trois petits boutons: les pattes de poches seront en long sur le côté, & garnies de trois gros boutons.

Le Manteau que les Officiers du Génie pourront porter, sera de drap bleu-de-roi, garni d'un collet de quinze lignes de hauteur, & d'une rotonde de six pouces, bordée d'un galon d'or de huit lignes, du même dessin réduit que celui du chapeau.

L'équipage du cheval aux armées, sera de peau d'animal à poil, ainsi qu'il a été réglé pour les régimens des troupes à cheval.

Le Roi voulant, pour la sûreté & la facilité du service des fortifications, faire reconnoître par un uniforme distinctif, les hommes qui y seront employés; Sa Majesté a ordonné ce qui suit:

SAVOIR;

Les Inspecteurs de casernes, porteront l'habit avec collet renversé, paremens & revers de drap bleu-de-roi; les doublures, veste & culotte d'étoffe de laine rouge; les boutons seront de métal jaune, façon de trait.

Les Éclusiers, Caserniers, Gardiens des fortifications, jetées, digues, épis, facinages & autres Employés pour le service de la fortification, porteront l'habit avec collet renversé; les vestes, culottes & doublures de couleur bleu-de-roi; les boutons seront de métal jaune, chargés dans le milieu d'une rosette, avec la légende au pourtour, *Fortifications*.

Défend expressément Sa Majesté, qu'il soit apporté aucun changement aux couleurs, largeurs de galon, position des boutons, forme des poches, ou autres dispositions prescrites par le présent Règlement, sous telles peines qu'il appartiendra; dérogeant Sa Majesté aux dispositions des Ordonnances & Règlemens précédemment rendus, en ce qui se trouveroit contraire aux dispositions du présent.

FAIT à Versailles le trente-un mai mil sept cent soixante-seize. *Signé* LOUIS. *Et plus bas*, SAINT-GERMAIN.

A PARIS,
DE L'IMPRIMERIE ROYALE.

M. DCCLXXVI.

www.ingramcontent.com/pod-product-compliance
Ingram Content Group UK Ltd.
Pitfield, Milton Keynes, MK11 3LW, UK
UKHW021109260726
13994UKWH00002B/797